Johanna Prümm • Wie ich mir Reiseträume erfüllte

D1720388

Johann Prümm

Wie ich mir Reiseträume erfüllte

Briefe von der Reise

FRIELING

Die Deutsche Bibliothek – CIP-Einheitsaufnahme

Prümm, Johanna:

Wie ich mir Reiseträume erfüllte : Briefe von der Reise /
Johanna Prümm. –

Orig.-Ausg., 1. Aufl. – Berlin: Frieling, 1997

(Frieling-Reisen)

ISBN 3-8280-0261-7

© Frieling & Partner GmbH Berlin

Hünefeldzeile 18, D-12247 Berlin-Steglitz

Telefon: 0 30 / 7 74 20 11

ISBN 3-8280-0261-7

1. Auflage 1997

Titelgestaltung: Graphiti/Corel

Vorwort

Mit ihren Reiseberichten zeigt uns die Autorin, wie Entfaltung im Alter, und zwar zusammen mit ihrer Familie, geglückt ist.

Nach langen Jahren intensiver Pflege ihres todkranken Ehemanns begann ein neuer Lebensabschnitt mit einem abwechslungsreichen, ausfüllenden Hobby: das Reisen.

Miteinander und Teilhaben am Erlebten, mit dem Herzen sehen, ist ihr stets ein wichtiges Anliegen. Ihren Kindern und Enkeln vermittelt die Autorin neben einem ausgeprägten Familiensinn auch reichlich Ein- und Fernsichten; ein Bildungsgut, das in wertvoller Erinnerung bleibt.

Lassen Sie sich, liebe Leser, von den Aufzeichnungen mitrei(s)ßen.

All meine lieben Freunde …

unsagbar habt ihr mich alle verwöhnt, als ich in der Lindenburg „kaserniert" werden mußte, um eine schon einige Zeit an-
dauernde Krankheit zu beheben. Die operative Kunst von Prof.
Pichelmeyer und die so gute Betreuung des Stationsarztes Dr.
Wolf ermöglichten eine Heilung in überraschend kurzen vierzehn Tagen nach der Operation, so daß ich heute wieder, wenn
auch mit einigen Schonungsvorschriften, zu Hause sein kann
und Garten und Terrasse genieße. Wie soll ich euch allen für
die lieben Grüße, die herrlichen Blumen und die schönen Bü-
cher nur danken? Wie soll ich meinem Herrgott, meinem Seel-
sorger und nicht zuletzt meinen so fürsorglichen Kindern und
Enkeln für all ihre Liebe nur danken? Ich bin zutiefst erschüt-
tert über alles, was ich an Liebe erfahren durfte, nicht zu vergessen die fast persönliche Zuwendung der Tag- und Nacht-
schwestern in der Lindenburg. Ich kam mir vor wie die Prin-
zessin auf der Erbse, und jeder von ihnen versuchte, mir die
drückende Erbse so gut es ging erträglich zu machen.

So will ich euch wenigstens berichten, wie ich mich auf diesen
Eingriff vorbereitet habe. In vollem Bewußtsein, daß er nicht
zu umgehen war, trat ich doch noch mit ärztlicher Erlaubnis
eine herrliche Seereise an (wie kann es auch anders sein!) und
flog mit Enkelin Katrin und Ehemann Claus erstmals sage und
schreibe nach Bombay. Das Paket auf meinen Schultern stört
etwas die Freude, aber ich habe es immer wieder verdrängt –
oder es wurde verdrängt durch unglaublich viel Schönes, Inter-
essantes und Wissenswertes, was wir sehen und erleben durften!

Nach zehn Stunden Flug landeten wir gut und sicher, Johanna

natürlich putzmunter, in Bombay/Indien, und schon die erste Busfahrt durch die Stadt konfrontierte mich mit Elendsvierteln, wie sie bei uns unvorstellbar sind! Dafür sind die Inder mit ihren schönen, dunklen Augen, ihrer meist grazilen Figuren und die Frauen trotz allen Elends in ihren bezaubernden Saris wunderschön anzusehen – wenn nur die Menge der mageren, bettelnden Frauen und Kinder nicht wäre! Erst jetzt verstehe ich die Sorge unserer Dr. Maria und Schwester Resi um die ihnen in der Mission anvertrauten Menschen. So gepflegt und relativ sauber die Stadt Bombay ist, so verkommen, verschmutzt und verwahrlost sind die Elendsquartiere. Ich habe es nicht gewagt, diese Viertel nochmals zu durchfahren, mir hätte die Schiffsreise auf der „MS Europa" keine Freude mehr gemacht. Heute weiß ich, warum der Indien-Mission so sehr geholfen werden muß!

Bombay als Inselstadt war eine architektonische Mischung aus englisch-indischer Bauweise. Allein der Bahnhof glich einem Schloßbau aus drei massiven Schloßtürmen, die mit wiederum schloßartigen Trakten verbunden waren. Es war fast unvorstellbar, daß hier Züge abgingen – aber sie gingen wirklich! Wir haben uns im Innern davon überzeugt. Ähnlich diesem englisch-indischen Monumentalbau Bahnhof präsentierten sich Rathaus, Universität und das Museum Prince of Wales, nicht zu vergessen ein wunderschöner Park, die sogenannten „Hängenden Gärten von Bombay", die über einem riesigen Wasserreservoir über der Stadt angelegt wurden und bezaubernde Ausblicke auf die herrlichen Buchten bot, die die Stadt Bombay umgeben. Bis tief in die Stadt hinein zieht sich der Indische Ozean. Auf sieben Inseln wurde Bombay erbaut, und diese wurden dann miteinander durch Dämme, auf denen der Autoverkehr braust, verbunden. Ein Gain-Tempel wurde auch besichtigt: Gain hat eine besondere Religion entwickelt, die das Töten jeglichen Getiers verbietet, um der Wiedergeburt des indischen Glaubens zu entgehen und erlöst das Nirvana zu erreichen.

Sehr interessant und für uns unvorstellbar war die offizielle Bombay-Wäscherei, die wir bei einer Stadtrundfahrt sahen! Diese Wäscherei war eine riesige Freianlage mit unzähligen Bottichen aus Beton, reihenweise angelegt und an Wasserleitungen angeschlossen, in denen die gesamte Wäsche Bombays, inklusive der Hotelwäsche (!), an den Beckenrändern saubergeschlagen wurde. Wie froh war ich, nicht in einem Hotel, sondern in meiner Schiffskabine schlafen zu können! Natürlich sahen und durchschritten wir auch das berühmte Tor von Indien, das sehr exponiert und dekorativ auf der äußersten Bombay-Insel anläßlich eines Besuchs des Königs von England errichtet worden war. Auch das berühmte Hotel, nach dem Grabmahl Tadsch-Mahal benannt, haben wir besucht und im Innern die gemütliche Atmosphäre kolonialen englischen Lebens erahnt.

Doch das war dann der letzte Abend. Wir verließen Bombay, um zwei herrliche Erholungstage auf dem spiegelglatten Arabischen Meer zu verbringen. Für Unterhaltung sorgte, wie schon gehabt, die Organisation des Schiffes. Langeweile ist hier unbekannt. Interessante Vorträge über Land und Leute, klassische Konzerte, von guten Künstlern dargeboten, oder bunte Abende mit fröhlicher Unterhaltung jedweder Art ließen jeden auf seine Kosten kommen.

Das nächste Ziel unserer Reise war dann Muscat im arabischen Staat Oman, ein Sultanat im besten arabischen Stil geführt.

Der alte Sultan führte hier 1932 wieder strenge arabische Sitten ein, wurde jedoch 1960 nach England verbannt. Heute regiert der Sohn und hat mit vielen Neuerungen aus dem Sultanat Oman ein modernes und aufgeschlossenes Land gemacht! Wie im Amphitheater erheben sich Berge vulkanischen Ursprungs um das Halbrund der offiziellen Hauptstadt Mucat an der gleichnamigen Bucht. Der Bazar ist sehenswert und wurde von uns zum Einkauf arabischer Tücher und sonstiger Souvenirs durchforstet. Schöne alte Häuser gibt es in einem Gewirr von Gassen und Gäßchen. Auffallend sauber waren die zum Teil vierstöckigen Häuser, Bogenfenster zierten die Fassaden, zum Teil mit arabischen Gips-Ornamenten umrahmt. Wir glaubten uns ins Reich von 1001 Nacht versetzt, und eine traumhafte Ausfahrt gegen Mitternacht an der hell erleuchteten Muscat-Bucht bei dreißig Grad Wärme verstärkte diesen Traum.

Der nächste Tag und Hafen hieß Mucalla. Schon im Süd-Jemen gelegen, war sein äußeres Erscheinungsbild noch vom vergangenen sowjetischen Sozialismus geprägt. Etwas unorganisiert ließ man uns in glühender Sonne ohne Sitzmöglichkeiten (außer Hafenmauern) über eine Stunde lang auf die Busse warten. Das Schiff lag auf der Reede, so daß wir den Hafen nur auf schiffseigenen Barkassen in zwanzigminütiger Fahrt erreichen konnten. Mucalla bot wenig: Die Häuser waren sehr weiß, aber schmucklos. Ein alter Sultanspalast wurde besichtigt, der uns Glanz und Glorie der Sultansherrschaft erahnen ließ. Ich fotografierte ein bildschönes Treppenhaus, was aber verboten war. Ich wurde erwischt, und nur meine angebliche Unkenntnis des Fotografierverbots retteten meinen Film. Noch ein Erlebnis: Auf der Rückfahrt zum Tender-Hafen erwischte ich mit meinem Fotoapparat eine Gruppe junger Bengels, die unter einem Laubhüttendach spielten. Sie beobachteten meine Aufnahme – und warfen einen Stein gegen den Bus! Das Fensterglas hat gehalten!

Einstmals war diese Gegend, auch Hadramact genannt, ein berühmtes Gebiet für den Anbau von Myrrhen- und Weihrauchbäumen sowie sonstigen Gewürzen. Beides wurde von hier aus nach Ägypten, Israel und Griechenland auf der sogenannten 2.500 Kilometer langen Weihrauchstraße am Roten Meer entlang der arabischen Küste befördert. Das war vielleicht auch der Weg, den die drei Weisen aus dem Morgenland wanderten, um dem Jesuskind Gold, Weihrauch und Myrrhe zu bringen. Es war auch das Land der Königin von Saba, reich geworden durch diesen Gewürzanbau und Handel. Bekantlich brachte diese Königin dem König Salomon viele Zentner Gold mit. Erst mit dem Einfluß der Römer, die den schnellen Seeweg über das Rote Meer der von räuberischen Beduinen gefährdeten Weihrauchstraße am Rande einer sehr öden Wüste vorzogen, verlor dieser Landweg an Bedeutung.

Am anderen Morgen landeten wir dann in Aden, der Hauptstadt von Süd-Jemen. Als wir dort waren, war es noch ein Volk! Hier blieb nur in Erinnerung ein mächtiges Hafentor, das unser Bus auf dem Weg zum Flughafen durchfuhr. Schon früh am Morgen startete unsere Maschine nach Sanaa, der Hauptstadt von Nord-Jemen, die etwa eineinhalb Flugstunden entfernt in einem 2.300 Meter hoch gelegenen Tal des jemenitischen Hochlandes liegt. Eine Legende erzählt, daß Sanaa von einem Sohn Noahs gegründet wurde, weitere alte Handschriften bezeichnen sie als eine der ältesten Städte der Erde, die ersten archeologischen Funde weisen aber nur auf knapp 200 Jahre v.

Chr. hin! Auf jeden Fall ist Sanaa überwältigend schön. Eine dicke Festungsmauer mit einem sehr schönen Eingangstor, dem Tor des Jemen, hütet diese Seltenheit. Das Tor gab dann eine Innenstadt frei, die so arabisch war, daß man es sich kaum vorstellen kann, ohne es gesehen zu haben. Vier- bis fünfstöckige Häuser umrahmten einen unglaublich lebendigen und quirligen Marktplatz, voll von gestikulierenden und handelnden Arabern. Alle Häuser, oft vierhundert Jahre alt, waren, wie gesagt, vier bis fünf Stockwerke hoch, relativ schmal, und eines schöner als das andere, mit Bogenfenstern und arabischen Gipszierat geschmückt. Ihre Arabesken, Zinnenerker und Alabasterfenster verdienen den Namen eines arabischen Florenz. Sanaa wurde von der UNESCO mit nur drei anderen Städten als schutzwürdig erklärt und soll in alter Form erhalten bleiben. Hoffentlich ist das auch ins sozialistische Süd-Jemen gedrungen!

Unsere Rückfahrt zum Flughafen ging dann über die Fluß-Oase Wad-Dahr. Hier fanden wir die Sommerresidenz eines arabischen Scheichs, der sich ein Schloß auf einem quadratischen, zirka 150 Meter hohen Felsen gebaut hatte. Schloß und Fels gingen so ineinander über, daß man Mühe hatte, die Schloßaufbauten visuell vom Felsen zu trennen. Das Schloß war der quadratischen Form des Felsens absolut angepaßt. Wie Ver- und Entsorgung funktionierten, war nicht festzustellen.

Ein herrlicher Flug bei Sonnenuntergang über dem Hadramant brachte uns zum Flughafen Aden zurück – der übrigens drei Wochen danach bereits bombardiert wurde! Wieder einmal Glück gehabt! Am anderen Morgen begann dann eine dreitägige Erholungsfahrt durch das Rote Meer bei 35 Grad im Schatten und wolkenlosem Himmel. Ab und zu sah man an Steuerbord, also rechts, die arabische Küste mit Felsengebirge, hinter dem die Weihrauchstraße entlangführte, im Sonnendunst liegen, aber Backbord, also links, die afrikanisch-ägyptische Küste, die flach vorbeizog.

Am Morgen des vierten Tages war die Sinai-Halbinsel erreicht! In Sharm-el-Sheikh, der Südspitze der Insel, bestiegen wir wieder die Omnibusse, die uns diesmal durch eine sehr abwechslungsreiche Wüstenlandschaft mit Felsen, Bergen und Klippen in den verschiedensten Gelb- und Rotfärbungen brachten. Über flachen Wüstensand, durch kleinere und größere Oasen mit den tollsten Palm-Beständen ging es zum Berg Sinai und an seinem Fuß zum Katharinenkloster. Der dahinter liegende Katharinenberg ist 2.637 Meter hoch, der Berg Moses – früher Berg Sinai – mißt 2.285 Meter. Dieser wird auch der Berg des Gesetzes genannt. Wir landeten nun mit unseren Bussen mit „Militärbewachung" wegen der in Ägypten herrschenden Unruhen zu Füßen des Berges Moses vor dem Kloster und gingen dann zu Fuß auf das wunderschöne, inmitten schroffer Felsen gelegene Gebäude zu. Riesige Mauern, erbaut von Kaiser Justitian, 14 bis 16 Meter hoch, umschließen den Klosterbau. Wir betraten andachtsvoll diese heilige Wallfahrtsstätte, die in ihrer Hauptkirche die Gebeine der heiligen Katharina verehrt. Diese Verklärungsbasilika liegt an tiefster Stelle des Klosters, zwölf Granitsäulen in zwei Reihen trennen das Hauptschiff von den Seitenschiffen.

Die Ikonostase (nur in orthodoxen Kirchen zu findende Altarwand mit Ikonengemälden; sie verschließt, bis auf eine Mitteltür, den dahinterliegenden Altarraum) stammt aus dem 13. Jahrhundert, eine Arbeit kretischer Künstler. Vierzehn

Kerzen für die Familie und die Freunde ließ ich als Dank in diesem Gotteshaus zurück.

Vor dem einzigen Tor des Klosters, zu Füßen der riesigen Mauer, im Angesicht des Moses-Berges, erlebten wir eine unvergeßliche ökumenische Andacht unseres Schiffsgeistlichen, Pastor Johannes Wellhof, der in einprägsamen Worten uns Geschichte und Bedeutung des Ortes, an dem wir standen, schilderte. Keiner konnte sich der Stimmung, die er uns vermittelte, entziehen. Begeistert wurden die von einer Blaskapelle angestimmten Lieder mitgesungen und die gemeinsamen Gebete mitgesprochen. Sinai und sein Katharinenkloster gaben mir wieder Mut, mein mitgebrachtes „Paket" in Köln auszupacken.

Nach einem köstlichen Lunch im dortigen Wüstenhotel, das in der Ebene vor dem Kloster im Bungalowstil erbaut war, ging es zurück. Noch ein Wort zu dieser Ebene vor dem Kloster: Es war die Stelle, an der die aus Ägypten ausgewanderten Israeliten lagerten und das goldene Kalb umtanzten, als Moses auf dem Berg die zehn Gebote empfing – wieder eine Stätte des Nachdenkens und der Besinnung!

Am Tag danach erreichten wir Suez, wo es ein kleines Intermezzo mit der ägyptischen Hafenbehörde gab. Wir sollten nämlich mit ägyptischen Hafenbarkassen ausgebootet werden, die sich dann aber als so „windig" erwiesen, daß unser Kapitän unsere eigenen Barkassen einsetzte, wozu die Hafenbehörde nur ungern ihre Einwilligung gab. Jedenfalls erreichten wir nach zwei Stunden Busfahrt gut und sicher Kairo, wieder in Begleitung von ägyptischer Polizei!

Wir besuchten das archeologische Museum, das diesmal aufgrund der herrschenden Unruhen fast leer war und so mit einem umfassenden Einblick seine Schätze bot, ohne daß die Vitrinen von Dutzenden von Menschen umlagert waren.

Ich habe im vorigen Rundschreiben schon von den drei Gizeh-Pyramiden berichtet, so daß ich heute Kairo schneller abhaken möchte, lang genug wird dieser Bericht sowieso. Neu für mich war diesmal die Sakkara-Pyramide, eine von vielen Stufenpyramiden bei Memphis. Sie hat sechs Stufen und ist als Rechteck erbaut. Memphis selbst ist eine Totenstadt mit vielen Einzelgräbern. Sie sind mit wunderschönen Fresken, fast alle in ägyptischen Farben ausgemalt, ausgestattet und sehr gut erhalten. Ein Abendessen im Menna-House beendete den Kairo-Besuch.

Der gesamte nächste Tag war nun mit fast zehn Stunden der Durchfahrt des Suez-Kanals vorbehalten. Um sieben Uhr hieß es schon „alle Mann an Deck", die Passage sollte beginnen – aber – die vom Vortag „verprellte" Hafenbehörde (wegen der nicht angenommenen Hafenbarkassen) ließ uns erst mit dem dritten Konvoi (anstatt dem ersten) in den Kanal hinein. Das bedeutete zwei Stunden warten, was zum ausgiebigen Frühstück genutzt wurde. Dann ging es wirklich los! Jeder Konvoi besteht aus vier Schiffen im festen Abstand von zirka dreihundert Metern. Langsam ziehen diese Schiffe nun durch den Kleinen Bittersee und den Großen Bittersee hindurch, rechts Sinai – links Ägypten, bis zur zeitlich vorher bezeichneten Ausweichstelle. Da Großer und Kleiner Bittersee ebenfalls Ausweichstellen sind, gibt es also drei Stück davon.Wir begegneten an so einer Stelle sogar einem Hapag-Lloyd Containerschiff aus Bremen, was eine lautstarke Sirenenbegrüßung bedeutete. Vierzehn Knoten durften in den Seen gefahren werden, später im

Kanal nur acht Knoten. Trotz vierzig Grad im Schatten konnten wir uns von der Landschaft einfach nicht trennen. Dörfer, Fähren von Sinai nach Ägpyten, Städte wie Ismaeli sowie entgegenkommende Schiffe ließen uns Hitze und Zeit vergessen. Wie im Fluge verging dieser Suez-Kanal-Tag, und wir waren fast enttäuscht, als wir am Abend Port Said erreichten und damit in nun schon fast heimatliche Gefilde, dem Mittelmeer, einfuhren.

Ich glaube, nun habe ich genug davon berichtet, denn das am kommenden Tag angelaufene Athen sowie Malta mit La Valetta sind schon fast heimatliche Orte. Von Genua aus ging es wieder per Flieger zurück nach Köln und dann allerdings zügig „zur Sache", denn genau eine Woche später landete ich auf dem Operationstisch!

Zur Zeit bin ich bei Dorle in Ebikon als „Reha-Klinik" und versuche mit viel Erfolg, „die Alte" zu werden. Noch eine Woche gebe ich mir, dann geht es heim nach Köln, und damit geht dieser Bericht an euch auf die Post!

Mit nochmals innigem Dank für all eure Liebe bin ich mit ganz herzlichen Grüßen eure ...

All meine Lieben ...

wieder einmal habt ihr mir zu meinem Geburtstag (diesjährig der 71.) so unendlich viel Freude gemacht, daß ich mich gar nicht genug bedanken kann. Ich fand alles vor, als ich – mal wieder – von einer herrlichen Reise heimkam, die ich genau an meinem Geburtstag antrat. Mein Blumenfreund hier in Köln hatte alles für mich aufgehoben, und so kamen all die schönen Blumengrüße erst bei meiner Rückkehr an und erfreuen mich heute noch. Am liebsten hätte ich sie alle fotografiert, aber auf der Reise waren schon so viele Filme draufgegangen, so habe ich lieber die euch zugedachten Postkarten, die ich unterwegs für euch einkaufte, aber aus Zeitmangel nicht absandte, nun als Gruß hier mit eingelegt. Jedenfalls danke ich euch allen auf das Allerherzlichste für euer liebes Gedenken.

Ja, und wo war ich nun diesmal? Es war wirklich eine Traumreise rund um Spanien herum, die ich zusammen mit meinem ältesten Enkel Christian in vollen Zügen genossen habe. Wir zwei haben uns glänzend verstanden, und ich habe seine liebende und so aufmerksame Fürsorge auf vielen Treppen und Stiegen, die wir erzwingen mußten, als große Hilfe durchaus zu schätzen gewußt. Es gab nicht die kleinste Schwierigkeit unterwegs, an der er sich nicht suchend nach seiner Omi umgesehen hätte, und ich wiederum hätte nicht halb so viel Freude an all dem Schönen, was wir erleben konnten, gehabt, wenn ich sie nicht mit ihm geteilt hätte.

Also wir zwei dampften von Bremerhaven am 25. September ab in Richtung Kanal und Biskaya auf unserer schon so gut bekannten „Europa" und wurden gleich an Bord mit einer Flasche

Champagner und herzlichen Glückwünschen zum Geburtstag vom Kapitän begrüßt. So verschwand Bremerhaven schon leicht im Sektschwips, und es sollte nicht das letzte Mal auf dieser Reise sein (ich meine den Schwips).

Gleich am ersten Tag zeigte sich die Biskaya von ihrer bekannten Seite und versuchte, mit Windstärke 8 uns umzulegen. Aber unsere tüchtige „Europa" widerstand bestens und relativ ruhig dem Ansturm, so daß wir, unbehelligt von Seekrankheit, Schiff und Meer genießen konnte.

Unser erster Anlaufhafen war Cherbourg im Nieselregen! In bereitstehenden Bussen (Faltbusse wegen der Sitzenge genannt) fuhren wir dann durch die schöne, aber regennasse Normandie, um letzten Endes bei strahlendem Sonnenschein den Mont St. Michel in seiner ganzen Schönheit vor uns liegen zu sehen. Sicher kennen viele von euch von eigenen Besuchen dieses Wunder im Meer, auf das ich mich schon seit Jahren gefreut hatte. Es ist eine alte Abtei mit einer schönen romanischen Kirche als Krönung des Berges. Ein goldener St. Michael wacht auf der Turmspitze über Berg und Bucht. Nachdem alles erkundet war, was an Kirche, Burg und Burggäßchen zu erkunden war, kehrten wir am Abend zur Europa zurück.

Nach einem Erholungstag auf See mit leise schwankender Atlantikdünung landeten wir dann in Vige/Spanien – kurz vor der portugiesischen Küste, um nun gleich von Anfang an bei strahlendem Sonnenschein zum Höhepunkt unserer Reise nach Santiago de Compostella zu fahren.

Der Eindruck, der einen bei der Ankunft auf dem Domplatz

erwartet, ist wirklich überwältigend. Hochauf ragt die herrliche Barockfassade dieses Jacobus-Heiligtums in den blauen Himmel hinein, majestätisch in ihrer Schönheit und Größe. Würde ich alle Eindrücke, die ich von dort mitbrachte, zu Papier bringen, es würde ein Buch füllen. Aber wir alle sehen oder sprechen uns ja mal, dann erzähle ich gerne ausführlich davon. Einen ganzen Tag haben wir dieses Pilgerheiligtum des Mittelalters genießen können, und dankbar für dieses Erlebnis kehrten wir abends auf die „Europa" zurück.

Wieder gab es einen Erholungstag auf See, den man auch zur Verarbeitung des Gesehenen nötig brauchte. Das nächste Ziel war Lissabon. Das ja, nach einem schweren Erdbeben im 18. Jahrhundert, wie ein Phönix aus der Asche wiedererstand und uns heute wunderschön, weiß und neu empfing – selbstverständlich wieder im Sonnenschein. Wir sahen die Altstadt, wie alle in malerischer Schmuddeligkeit, aber sehr originell, und die beeindruckende Neustadt mit herrlichen Plätzen und Alleen. Lissabon strahlt ein ganz eigenes Fluidum aus, das wohl mit seiner Seefahrergeschichte zusammenhängt. Wer Lissabon kennt weiß, daß Schönheiten wie das Hieronymus-Kloster, der Belem-Turm, das Seefahrerdenkmal, die brandneue „Golden Gate"-Brücke über den Tejo und ein segnender Christus zu den Sehenswürdigkeiten der Stadt gehören und uns mit immer neuen und schöneren Eindrücken an diese schöne Stadt zurückdenken lassen.

Viel zu früh kam der Abend und damit die Abreise unserer „Europa" zum nächsten Reiseziel – Madeira.

Die Insel liegt wirklich wie eine grüne Oase mitten im Atlantik, und das weiße Funchal grüßte einladend dem Schiff entgegen. Eine Tagesfahrt fast rund um die Insel verstärkte diesen ersten Eindruck nur, und fröhliche Volksfeste in den Bergdörfern brachte uns die Anmut der Insel noch näher. Ferienwochen müssen hier paradiesisch schön sein.

Doch die Reise ging noch weiter, und ich mußte mich sputen, um alles in diesen Zeilen unterzubringen.

Als nächsten Ziel winkte Lanzarote mit der erst im Ausbau befindlichen Stadt Aricife. Und alles, was auf Madeira grünte und blühte, war hier schwarze Asche und Lava. Es gibt kaum größere Unterschiede als zwischen diesen beiden Inseln. Man meint, ein entsetzlicher Vulkanausbruch ist erst vor wenigen Wochen über diese arme Insel hinweggefegt. Dabei ist er vor Hunderten von Jahren erfolgt und hat dieses Stückchen Erde in solch einem trostlosen Zustand zurückgelassen, daß es sich fast nicht davon erholen kann.

In den Feuerbergen, die wir sahen, ist das Erdinnere noch so nahe an der Oberfläche, daß sich in luftgeschützten Löchern Stroh ohne jedes Zutun entzündet. Die jetzt leblosen Kraterberge wirken gegen den herrlichen blauen Himmel fast gespenstisch und unheilverkündend.

Als wir die Insel am Abend verließen, waren wir noch ganz erfüllt von ihrer Herbheit. Aber nun winkte Casablanca, die weiße Wolkenkratzer-Stadt am afrikanischen Ufer. Sie trägt ihren Namen zu Recht. Große, weiße Hochhäuser begrüßten uns. Wir durchquerten sie auf einer Fahrt zur Kaiserstadt Rabat, die in herrlichen alten Festungsmauern und Toren einen im arabisch-maurischen Stil neu erbauten Palast für uns bereithielt, den der heutige König von Marokko bewohnt. Ein großzügig erbautes Mausoleum birgt die Gebeine des verstorbenen Königs, dem Marokko die Befreiung verdankt. Marokko war früher ein französisches Protektorat.

Es ist nicht möglich, sich in Einzelheiten des Gesehenen zu verlieren, so laßt uns zu unserem nächsten Ziel, dem spanischen Cadiz schwimmen, von dem aus man in ca. 90 Minuten Sevilla erreicht. Ich sah es zum zweiten Mal und habe mich sehr gefreut, diese so schöne Stadt mit ihren wirklichen Kostbarkeiten, wie den alten Dom, den Giralda-Turm, den Alcazar mit seinen Zaubergärten, den Stadtteil Santa Croce mit den verträumten Höfen und Gäßchen sowie den berühmten spanischen Platz meinem Christian zeigen zu dürfen. Sevilla spricht für sich selbst, man muß es sehen und erlebt haben.

Nun bleibt nur noch inmitten von zwei Seetagen Ibiza als letzte Station übrig. Viel hatte ich von diesem kleinen Sündenbabel gehört und war dann sehr überrascht, eine überaus malerische Insel vorzufinden mit einer saubereren, kleinen Alstadt, die sich zu Füßen einer wunderschönen alten Festung ausbreitet, deren Krönung wiederum – wie auf dem Mont St. Michel – eine altromanische Kirche ist. Hiervon hatte man mir noch nie etwas berichtet, und die Neugier, die uns auf die oberste Terrasse trieb, hat sich voll gelohnt. Ibiza und das blaue Mittelmeer lagen uns zu Füßen.

Am Nachmittag erkundeten wir dann noch die kleine Stadt, die jetzt in der Nachsaison mit reizenden Straßencafés und Restaurants, bunten Verkaufsständen und malerischen Gassen und Plätzchen eine fast gemütliche und solide Erinnerung bei uns hinterlassen hat.

Aber nun war die Traumreise bald ausgeträumt. Eine Stadtrundfahrt am übernächsten Tag im kalten Genua kündigte den Herbst an, und hochzufrieden flogen Christian und ich dem heimatlichen Köln entgegen – nicht ohne rührenden Abschied mit Wiedersehenversprechen von unserem Traumschiff zu nehmen.

Es ist nun ein wenig lang geworden, trotzdem ich im Galopp nur durch alles Geschehene hindurchgeschlüpft bin. Aber noch kürzer ging es nicht!

Nehmt diesen Bericht als besonders herzlichen Dank, und seid alle ganz liebevoll gegrüßt von eurer …

Ihr Lieben ...

im Juni habe ich eine so schöne Reise gemacht, daß ich sie euch mit all meinen Briefschulden nicht vorenthalten möchte. Habt zunächst alle ganz herzlichen Dank für eure Brief- und Kartengrüße, über die ich mich, wie immer, riesig gefreut habe. Es ist ein beglückendes Gefühl, in Island, Dänemark, Basel, Zürich, Juist, Nienburg, Travemünde, Kärnten, Berlin, Höxter und vielen Orten mehr nicht vergessen zu sein. Nun hat sich genug angesammelt, und es wird wohl Zeit zur Beantwortung.

Wie schon einige von euch hörten, hat mich im Mai ein böser Virus erwischt und mich mit einer Herzmuskelentzündung lahmgelegt. Nach vier Wochen verschwand er, wie er gekommen war, und hinterließ eine recht miesepetrige Johanna ohne jeden Elan und wohl auch ohne Kraft zum Reisen. Eine Franken-Fahrt mit meinem Kirchenchor mußte ich absagen, was mir sehr schwer fiel, ebenso eine Busreise durch Frankreich und Spanien, aber eine sehr liebe Freundin aus Mittelitalien ließ nicht locker, und da es inzwischen Anfang Juni geworden war, erholte ich mich eine Woche in guter Luft bei Dorle in Ebikon, wobei mir meine beiden Enkelkinder rührend behilflich waren und mir die nötigen Spaziergänge und Gartenspiele bei schon recht ordentlichem Wetter verordneten.

Ja, und dann ging es auf – per Flieger – nach Rom, wo mich Freundin Inge in Empfang nahm. 280 Kilometer sind es von dort nach Tuoro, einem malerischen kleinen Ort am Trasimenischen See in Umbrien, wo meine Freundin wohnt. Auf dieser Fahrt nahmen wir „mal eben" noch den Dom von Orvieto mit, eine gotisch-italienische Kathedrale von unvergleichlicher Schönheit. Orvieto liegt so zwischen Rom und Tuoro und ist, wie fast alle mittelalterlichen Städte, auch Siena, Perugia und Assisi, eine alte Festungsstadt, oben auf einem Berg gelegen und mit dicken Festungsmauern umgeben; das ganze in bezaubernder grüner, buckliger Landschaft mit vielen grünen Bäumen, in denen Pinien und Zypressen jedoch vorherrschen, und gleichzeitig blühender Ginster und riesige Sonnenblumen-felder, die der Landschaft die Farbe des Südens geben.

Durch enge winklige Straßen der kleinen Stadt schlängelten wir uns so eben durch, um dann plötzlich ganz unvermutet vor der Kathedrale zu stehen, die man hier kaum vermutet hätte. Die Mosaikfassade leuchtete in der Abendsonne, und die Schönheit gotischer Bauweise konnte gar nicht besser zum Ausdruck kommen. Die Sockel der Kirchenportale sind mit wunderschönen Marmorreliefs, die sich mit der Herkunft (Wurzel Jesse) und mit dem Leben von Christus befassen, ver-ziert. Mit vielen reichvergoldeten Mosaiken wirkt die Fassade fast wie eine Filigranarbeit und fesselt den Beschauer immer von neuem.

An diesem Abend war dann nach dem Abschied in Ebikon, Flug, Autofahrt plus dem Erlebnis von Orvieto mein Fas-sungsvermögen erschöpft, und ich fiel ins Bett und gleich in den Schlaf.

Aber Inge hielt, was sie mir versprochen hatte, und schon der andere Tag war mit Perugia verplant. Hier erwartete uns ein besonderer Leckerbissen. Die alte, sehr kampflustige Stadt war in grauer Vorzeit von einem Papst erobert worden, und aus Är-ger über den langen Widerstand, den sie geleistet hatte, total geschleift worden, so daß es jahrhundertelang erschien, als hätte sie eine an einem Berg gelegene Unterstadt und eine auf dem Berg erbaute Oberstadt. Irgendein König im 19. Jahrhundert kam auf die Idee, hier mal zu graben, und entdeckte das alte, verschüttete Perugia. Nun wurde ganze Arbeit geleistet und ein guter Teil der mittelalterlichen Stadt ausgegraben, die Gewölbe abgefangen, und es entstand dieses alte Perugia neu inmitten des Berges. Mit drei Rolltreppen machte man die einzelnen Ebenen zugänglich, so daß man heute vom unteren Parkhaus über fast vier Ebenen mit diesen Treppen durch das wieder frei-gelegte Mittelalter hindurchgeschleust wird und auf der obersten Etage am Verwaltungsgebäude, dem Dom und der altertüm-lichen Stadt landet, die dieser zerstörerische Papst dann auf den Trümmern neu errichtet hatte. Was Päpste damals alles konn-ten! Ein herrlicher Brunnen, ein wunderschöner mittelalterlicher Palast und ein riesiger Dom gaben Zeugnis von der Bauweise des späteren Mittelalters.

Am folgenden Tag stand Siena auf dem Programm, was uns nach fast zwei Stunden Autofahrt wiederum einen enormen Dom zur Besichtigung bereithielt. Etwas erinnerte die Fassade an Orvieto, rutschte aber schon schwer in die Zeit der Renais-sance hinein. Aber in Größe und Schönheit der Skulpturen an der Hauptfassade war er schon sehr beeindruckend. Das Innere dieses Domes birgt einen ganz besonderen Leckerbissen: Der gesamte Boden der Kathedrale ist mit Marmorfresken bedeckt, die die Geschichte Sienas in phantastischen Bildern schildern. Die Gehwege mußten zur Schonung des Marmors abgeklebt werden, aber man hatte sich bemüht, einem soviel wie möglich von der Schönheit und Vielfalt dieser plastischen Intarsien zu Gesicht zu bringen.

Eine riesige Barkock-Kanzel, von acht Löwen auf dem

Rücken getragen, bildete den Mittelpunkt dieses herrlichen Doms.

Sehr reizvoll war es auch, in den Straßen und Plätzen von Siena herumzuwandern. So entdeckte ich einen riesengroßen Platz, den Plaza del Campo, mit rundherum den schönsten mittelalterlichen Bauten, die mit ihrer merkwürdigen Lehm-Ziegel-Bauweise für Mittelitalien so charakteristisch sind. Dieser Platz dient heute noch den führenden Adelsgeschlechtern von Siena zu einem Wettrennen, „Palia" genannt, um die Ehre von Pferd und Reiter. Ein ganz gefährliches, etwas brutales Vergnügen, bei dem die auf dem Kuppelpflaster stürzenden Pferde oft erschossen werden müssen. Ein Vergnügen ähnlich der Fiestas in Spanien. An diesem Sonntag aber war der Riesenplatz von Sonne durchtränkt und bildschön.

Am Montag gab es auf meinen Wunsch nochmal einen Besuch in Perugia, wo ich mich nochmals ganz genau in der unterirdischen Stadt umsah.

Den Dienstag planten wir, etwas ruhiger zu gestalten. Wir setzten uns auf einen trasimenischen Dampfer und besahen uns die Isola Maggiore mit schönen, alten Schlössern und einem Badestrand, wo wir natürlich nicht widerstehen konnten, die Kühle des Sees auszuprobieren.

Am Mittwoch erwartete uns Cortona, wiederum eins dieser malerischen mittelalterlichen Städtchen, das eine Kostbarkeit im Dom-Museum barg, von der ich schon so viel gehört hatte. Wir sahen dort die erste „Verkündung" von Fra Angelico (die zweite ist als Fesco von ihm im Kloster San Marco in Florenz zu finden), und ich war hingerissen von der Schönheit der beiden Figuren und der unglaublichen Farbharmonie von Rot und

Gold. Es muß aus seiner frühen Schaffensperiode stammen, denn das Fresco von San Marco ist in der Farbgebung weitaus gedämpfter, wenn auch in den Gestalten dem in Cortona durchaus ähnlich. Jedenfalls wird das Bild aus Cortona mir künftig noch Dank eines erstandenen Posters viel Freude machen!

Den Donnerstag verbrachten wir dann auf einer anderen trasimenischen Insel mit herrlichen Badefreuden und einem Mittagsmahl unter schattigen Bäumen und sammelten neue Kräfte für den Höhepunkt der Reise, denn am Freitag brachte mich meine Inge nach Assisi. Ich hatte schon viel von Assisi gehört, konnte mich aber mit den vorhandenen Kenntnissen gar nicht so recht dafür begeistern. Das habe ich dort gelernt! Ich habe den Franz von Assisi im Nachhinein bewundert und erst seine Größe in seinen vier Kirchen in Assisi kennengelernt.

Über die Schönheit der Giotto-Gemälde in der Oberkirche, der rührenden Armut seiner Gewänder aus der Mittelkirche und dem tiefen Eindruck seines Grabes in der Unterkirche könnte ich Bände füllen, das geht zu weit. Wie tief beeindruckt war seine kleine Portiuncula-Kirche, die von dem großem Dom Maria degli Angeli umschlossen wird. Wie beeindruckend war das kleine Kloster San Damiano, das seine Umkehrung und später seine Verbundenheit mit den Clarissinen miterlebte. Welche Atmosphäre herrschte in der Santa-Klara-Kirche in der Oberstadt, die sein bekanntes Kreuz umschließt, und wie sehr hielt die Stimmung des Domes St. Rufino einen umfangen, der vom Taufbecken an sein ganzes Leben und viele seiner Predigten erlebt hat! Nein, das ist schwer zu schildern. Assisi muß man erlebt haben. Es hat die schönsten und verträumtesten Gäßchen von allen Städten, die ich im Herzen Italiens auf dieser Reise kennenlernte, und ich bin sehr dankbar, da ich zu meiner Inge wiederkommen darf. Alles, was ich sah, kann man zweimal und mehr sehen! Ich täte es mit Freuden!

Am Samstag ging es dann – wieder per Flieger – zum 70. Geburtstag meiner Freundin nach Nienburg über Hannover, wo mich mein Enkel Georg mit dem Wagen abholte und sich über die gut erholte Oma sehr gefreut hat.

Ich hoffe, ich habe euch ein wenig von den schönen Eindrücken meiner Italienreise erzählen können und bleibe mit nochmaligem Dank für eure Feriengrüße eure ...

Meine lieben Freunde ...

da es mit dem Dichten nicht mehr klappt, lege ich einen „Sommer-Bericht" bei, der euch vielleicht eine kleine Freude macht. Ihr erseht daraus, wie mir meine Kinder halfen, das Fehlen meines zweiten Ich's leichter zu ertragen.

Also 1986!
Es war für mich ein richtiges Reisejahr, von dem ich euch, so kurz wie möglich, heute gerne berichten möchte.

Es fing an mit einer Osterreise zu meinen skilaufenden Kindern und Enkeln nach Engelberg. Nach vielen Jahren genoß ich mit ihnen die Schönheit der tiefverschneiten Berge, erschwebte den „Titlis" (ein 3.000er) und bewunderte die Skilaufkünste der Vroni-Familie. Wenn ich dabei so an meine Skilaufzeit von 1934 bis 1938 dachte, so hat sich doch in der Technik des Laufens wie in der Ausrüstung ein nie vorstellbarer fortschrittlicher Wandel vollzogen, der mir ein wenig wehmütig in Erinnerung brachte, daß ja mein 69. Geburtstag nahte! Eine wunderschöne Ostermesse in der Engelberger Klosterkirche wird mir hier ebenfalls noch lange im Gedächtnis bleiben.

Am zweiten Festtag holte mich dann die Dorle-Familie noch für einige Tage nach Ebikon, wo ich nun schon „zu Hause" bin.
Sechs Wochen später, ca. Mitte Mai, stand eine Kirchenchor-Reise mit einem Superbus auf dem Programm, die wohl mit zu den erlebnisreichsten dieses Sommers gehört. Das Reiseprogramm lief unter dem Motto „Schlafen könnt ihr in Köln", und so hatte manche Nacht nur sechs Stunden. Aber der

Pulman-Bus ließ auch ab und zu ein Nickerchen zu, wenn auch Südfrankreich, die Pyrenäen und Nordspanien viel zu schön zum Verschlafen waren. Von einem Pfingstaufenthalt in Lourdes, der mit zum Teil 15stündigem Chorsingen-Einsatz in: Basilika, Krankenhäusern, beim Sakramentenumgang, Lichterprozession und Nachtandacht als Abschluß zu den absolut unvergeßlichen und beeindruckendsten Erinnerungen dieser Tage gehört, reihten sich ein Ausflug nach dem wunderschönen Biarritz und manche ruhige und innige Stunde in und um Lourdes herum.

Weiter ging es nach drei Tagen durch die Pyrenäen auf zum Teil noch unerforschten, grüngezeichneten, mehr Wegen als Straßen mit dem 40-Personen-Superbus – gottlob heil – über Huesca nach Barcelona. Da wohl viele von euch Barcelona kennen, erwähne ich hier nur den Monserrat, den heiligen Berg, den wir von Barcelona aus besuchten und von dessen Lage inmitten ganz wunderlicher Felsformationen wir tief beeindruckt waren. Auch hier „durften" – muß ich in diesem Fall wohl sagen – in der schönen Basilika zu Füßen des berühmten Gnadenbildes der Gottesmutter in der Vesper der Mönche mitsingen, was wiederum zu einem besonderen Erlebnis wurde.

Weiter ging es nach Avignon, und neben der uralten, oft besungenen Brücke, wo mein Namenstag gefeiert wurde, bewunderten wir den dortigen sehr eindrucksvollen Papstpalast und seine herrlichen Gärten. Ich sehe ihn noch bei Tage in strahlendem Sonnenschein wie zur Nacht in ganzer Schönheit angestrahlt vor mir.

Colmar mit seinem einmaligen Isenheimer Altar und einer

herrlich klingenden silbernen Orgel in der Martins-Kirche und Straßburg folgten. Ein ganz großes Erlebnis war „Ton und Licht" (Son et Lumière) im Straßburger Münster, in dem wir bei feenhafter Ausstrahlung des Innenraumes die interessante und so wechselvolle Geschichte dieses Münsters miterleben konnten. Ein würdiger Schlußpunkt dieser Tage.

Vier Wochen später war ich vierzehn Tage mit der Dorle-Familie bei Soltau in der Heide, und wir verlebten Reiter- und Bauernhofferien mit den beiden jüngsten Enkeln Philipp und Lucia. Während Dorle und mein Schwiegersohn das Reiten wieder aufnahmen, waren Enkel und Omi voll ausgelastet mit Schwimmen, Mooshäuschen bauen, Turnen und Schaukeln, die Kinder mit Radfahren und Ponyreiten und mit wunderschönen Spaziergängen rund um den Hof herum. Der Wilseder Berg wurde „bestiegen" (50 Meter hoch) und das leider sehr wenig gewordene Heidekraut bewundert. Die Wacholdersträucher sind geblieben. Aber der Rest versteppt zusehends, leider! Zweimal besuchten wir mein geliebtes und ganz im alten Stil gepflegtes Stade, wo ich Wiedersehen mit vielen lieben Kindheitserinnerungen feierte! Ausgiebig wurde noch als Abschluß Papas Geburtstag gefeiert, und vorbei waren vierzehn Tage wie im Fluge.

Ungefähr vier Wochen später ging es am 6. September mit Vroni und Mann nach meinem einst so geliebten Positano. Leider starb ganz kurz vorher unser dortiger Freund Dino, den wir wie schon im vergangenen Jahr besuchen wollten und in dessen Haus ich so herrliche Tage verlebte, vor allem als noch seine geliebte Frau, meine Freundin Trude, lebte. Nun konnte ich nur noch die Gräber besuchen und Abschied von dem Haus nehmen, in dem wir alle, auch damals mein Theo, so gern gewesen sind. Das Wetter versuchte, uns mit herrlichstem Sonnenschein und hochsommerlichen Temperaturen dafür zu entschädigen. Das Meer verführte uns zu drei ausgiebigen Schwimmunternehmungen pro Tag. Das Treppen-Positano lockte zum Einkauf lustiger Dinge, und ganz langsam überwand ich meinen Kummer.

Ganz wunderschön waren unsere Ausflüge. Mit dem Luftkissenboot ging es an einem Samstag in halbstündiger Fahrt nach Capri, das ich nun mal von einer anderen Seite kennenlernte. Wir wanderten an den großen Felsen, den Faragliones, an der Küste entlang bis zum „Naturbogen" Arco Naturale. Tiefblau lag das Meer unter uns, und ein malerischer Weg auf und ab sorgte für immer neue und staunenswerte Ausblicke auf Sorrent und Capri. Der Nachmittag sah uns wieder in Anacapri, in San Michele, dem berühmten Haus von Axel Munthe, das ich vor vielen Jahren Vroni zeigte und das nun auch Helmwart sehen wollte. Ich glaube, er war genauso begeistert von diesem schönsten Blick auf Capri und den Golf von Neapel, wie Vroni und ich es damals waren.

Diesmal sahen wir uns endlich auch die Ausgrabungen von Herculaneum an, die uns, da die Reste der kleinen Stadt besser erhalten waren als in Pompeji, ein durchaus vorstellbares Bild des Lebens und Treibens in dieser Stadt um die Zeitenwende vermittelte. Blühender Oleander und Bougainvillias, herrliche Pinien und Zypressen gaben den Trümmern Leben und malerische Schönheit. Wiederum strahlendblauer Himmel tat das seine dazu.

Ein köstliches Abendessen in Sorrent gab dem Tag einen würdigen Abschluß. Selbstverständlich wurden auch die Ausflugsziele vergangener Jahre wieder „angelaufen" (besser gesagt: gefahren). Als da waren: das immer wieder beeindruckende Amalfi sowie das hoch über dem Meer gelegene Ravella mit einem Besuch der uralten Löwenkanzel mit Kosmaten-Mosaiken in der Antonius-Kirche am Marktplatz. Hier nahmen wir dann auch Abschied von diesem paradiesischen Erdenfleckchen und „jetteten" heim nach Köln.

Zehn Ferientage verlebte ich dann um meinen und Lucias Geburtstag herum nochmals in Ebikon, sah dort mein geliebtes Luzern wieder und genoß mit Dorle und den Kindern noch einen herrlichen Tag hoch oben über dem Vierwaldstätter See auf der Klevenalp mit einem viele Kilometer weiten Fernblick auf die Alpen und die wunderschöne Umgebung des Sees.

Am 8. Oktober feierte ich dann einen sehr seltenen Geburtstag bei meiner Freundin in Nienburg, deren Mutter 95 Jahre alt wurde, und die bei völliger körperlicher und geistiger Frische war. Als Tochter ihrer liebsten Freundin aus ihrer Kinder- und Jungmädchenzeit, meiner bei meiner Geburt verstorbenen Mutter, bekam ich sogar einen Ehrenplatz neben ihr; und wieviel wußte sie noch immer von meiner Mutter zu erzählen! Sie ist die einzige, die nach dem Tod meines Vater mir noch etwas von Mama zu berichten weiß.

Sie lebte im Schoß ihrer reizenden Familie sehr glücklich und zufrieden im Kreis ihrer Enkel und Urenkel.

Eine Urenkelin nahm ich mir dann als endgültigen Sommerabschluß noch mit nach Köln, und die reizende 15jährige Christine und ich haben dann noch in acht Tagen unser Köln mit Dom, romanischen und barocken Kirchen, neuem und germanischem Museum „durchkämmt" und uns am Abend mit

Domkonzert, Oper und philharmonischem Konzert im neuen Saal unterhalten lassen.

Nun hat mich der Alltag mit viel Arbeits-Nachholbedarf wieder in seine Zange genommen, und der Reisesommer ist Vergangenheit geworden. Wenn ihr es geschafft habt, mich bis hierher zu begleiten, seid ihr sicher genauso müde wie ich es jetzt gegen Mitternacht bin und freut euch über das Ende dieser Berichterstattung.

Wenn das Lesen euch soviel Freude machte, wie mir das Aufschreiben, ist der Zweck erfüllt, und es bleibt mir nur noch übrig, nochmals die herzlichsten Dankesgrüße an euch zu senden.
Immer eure ...

All meine Lieben ...

so viele Grüße aus aller Welt haben mich erreicht und mir
große Freude gemacht. – Aber sie blieben trotz zweimaliger in-
teressanter Reisen unbeantwortet! Das hat seinen Grund.
Ich fiel so um den 1. Mai herum im Garten über meinen
Rasensprenger, konnte mich aber mit den Händen abfangen.
Leider hatte ich aber Pech, und es riß mir die Strecksehne am
kleinen Finger der rechten Hand. Seitdem muß ich den in einer
Schiene tragen, und nun schreib mal, wenn der kleine Finger
nicht mittut! Da eine Heilung noch nicht abzusehen ist, greif
ich mal wieder zum Rundbrief, damit ihr registriert, daß ich
noch lebe!

In diesem Jahr war ich schon recht reiselustig und steuerte
neben den regelmäßigen Fahrten zu meinen Kindern in die
Schweiz zunächst im März für zwei Wochen die DDR an. Ich
fuhr mit meinem Vetter Eberhard, der leider im November vergangenen Jahres seine Frau verloren hat und wie meine Eltern
aus der Lutherstadt Eisleben stammt, mit seinem Auto dorthin,
wo wir mit dem Städten und guten Freunden ein frohes Wiedersehen feierten. Meine Freunde dort wußten gar nicht, was sie
mir Gutes antun sollten, und so sind wir tüchtig in der Gegend
herumkutschiert.

Unser erstes Ziel war Dresden, was ich noch nicht kannte
und wo ich im neuen Stadtbild leider vergeblich das alte, schöne Dresden suchte, von dem mir ein guter Freund so begeistert
erzählt hatte. Eindrucksvoll war natürlich der wiedererbaute
Zwinger, von dessen Größe und Schönheit man eigentlich nur
an Ort und Stelle das richtige Bild bekommt. Auch die wieder-
erstandene Semper-Oper und die gegenüberliegende Hofkirche,

ganz in der Nähe der Brühlschen Terrassen gelegen, ließen ahnen, wie schön Dresden einst war.

Natürlich sahen wir das grüne Gewölbe mit den Schätzen der sächsischen Könige wie auch die Gemäldegalerie, beides noch im Albertinum, bis der Zwinger ganz fertig ist, und bewunderten die wirklich bezaubernde Sixtinische Madonna, an der ich mich nicht sattsehen konnte. Die alte Frauenkirche war noch ein böser Trümmerhaufen, aber es gibt Aufbaupläne. Sehr schön war die Kreuzkirche, aus Schutt und Asche erstanden.

Nach einem durchaus genießbaren Mittagessen in einem neuen Hotel sollte es eigentlich heimwärts gehen, aber Meissen lag am Wege, und daran kamen wir nicht vorbei. Leider hatte die Porzellanmanufaktur Besichtigungsferien, was mir als alten Meissen-Fan leid tat. Dafür konnten wir jedoch die herrliche Albrechtsburg mit ihrem bezauberndem Panorama über den ganzen Elbbogen besichtigen. Sächsische Geschichte wird hier geboten, von deren Vielfalt an Ereignissen und Mengen an bedeutenden Herrschern wohl wenig Deutsche eine Ahnung haben. Da ich durch einen geschäftlichen Zufall den verstorbenen Chef des Sächsischen Königshauses, Markgraf Friedrich Christian von Meissen aus dem Hause Wettin gut kannte (er aß bei mir so gerne Schokoladenkuchen und Schokoladencreme und verachtete auch einen guten Cognac nicht) war der Gang durch die Albrechtsburg ein rechtes Erlebnis für mich.

Durch liebe Freunde wiederum kamen wir an Karten für ein Jagdhornkonzert im Gewandhaus in Leipzig, so daß ich auch diese Stadt nach vielen Jahren wiedersehen konnte. Allerdings ist außer der Universität und eben dem ganz neu von den Japanern in unglaublich avantgardistischem Stil erbautem Gewandhaus Leipzig sehr mitgenommen. Die Oper und das Rathaus sind schön renoviert, und der Opernplatz ist großzügig gestaltet, aber viele Viertel der Stadt stehen abbruchreif und leer mit öden Fensterhöhlen und zerfallenden Treppenhäusern als Zeugen einer unverzeihlichen Mißwirtschaft in allzu hartem Gegensatz zu den wenig renovierten Prachtbauten.

Auch mein geliebtes Eisleben zeigt außer dem gut erhaltenen Marktplatz allzutiefe Wunden der vergangenen vierzig Jahre. Etwas bedrückt von dem, was wir gesehen hatten, verließen Eberhard und ich dieses erinnerungsträchtige Städtchen mit dem Versprechen, recht bald wiederzukommen. Unser Resümee nach allem, was wir gesehen hatten – es gibt entsetzlich viel zu tun und es wird wohl ein Jahrzehnt dauern, bis die größten Wunden, die das SED-Regime unseren Landsleuten geschlagen hat, einigermaßen vernarben. Hoffentlich haben unsere dortigen Mitmenschen so viel Geduld, um das durchzustehen.

So, das war die DDR. Über Frankreich, wo ich im Juni mit meinem Kirchenchor war, berichte ich ein anderes Mal.

Euch allen sende ich ganz liebe Grüße und bleibe eure ...

Die Geschichte
einer Familienbibel

Vor vielen Janren – im Zuge der Familienforschung zur Erbringung des arischen Nachweises – entdeckte mein Vater, daß im Heimatdorf meiner Familie, im Raalberge bei Bernburg, DDR, eine schöne, große Familienbibel existierte, in der, wie es damals üblich war, die Ereignisse in der engeren und weiteren Verwandtschaft, wie Geburt, Tod und anderes, genau und mit Sorgfalt notiert worden waren. Er war ganz glücklich über diesen Fund und legte mir damals sehr ans Herz, sie eines Tages zu erwerben.

Der Krieg ging über unser Land dahin, mein Vater starb, aber die Familienbibel – übrigens aus dem Jahre 1716 – blieb mir im Sinn, und anläßlich eines Besuchs im nahen Eisleben konnte ich sie in Baalberge wirklich wieder ausfindig machen. Unter dem Kirchendach hatte sie den Krieg überstanden. Der dortige Pfarrer gab sie mir, nachdem ich mich ausgewiesen hatte, gerne heraus, äußerte aber die Bitte, ihm doch vielleicht bei der Vergoldung seiner Kirchturmziffern zu helfen. Das tat ich gern, wenn es auch im SED-Staat ein Unternehmen war. Ich besorgte über den Friedhofs-Steinmetzen Blattgoldheftchen in entsprechender Zahl und mogelte diese in die Verpackung von Kaffeepaketen, die ich an ca. zwanzig Einwohner von Baalberge schickte. Alles kam an, und die Kirchturmziffern wurden vergoldet.

Nun war die Bibel aber erst in Eisleben bei einer Tante von mir angelangt, und vor uns lag die so dichte und gegen Ausfuhr derartiger Museumsstücke streng bewachte Zonengrenze.

Da starb meine Tante, und durch gute Freunde erhielt ich im Zuge der Erbschaft von der Stadt Eisleben die offizielle Ausfuhrgenehmigung!

Wohlgerüstet landete ich mit Bibel und Ausfuhrschein wenige Tage später an der DDR-Grenze und hielt den kontrollierenden Grenzsoldaten sofort – ehe noch jemand in meinem Abteil die Koffer öffnen mußte – diese nicht leicht zu regelnde Affäre unter die Nase. Alle (vier Grenzer!) verschwanden zum Bahnhofskommandanten (anscheinend wurden nicht jeden Tag fast 300 Jahre alte Bibeln ausgeführt), und in meinem Abteil, mit vielen Koffern im Gepäcknetz, herrschte zu meiner Verwunderung atemlose Stille. Keiner sagte ein Wort – es war fast gespenstisch! Aber der Zug mußte ja mal weiterfahren! So kamen die Grenzer in letzter Minute zurück, übergaben mir den Freigabeschein und die Erlaubnis zur Ausfuhr, verschwanden schleunigst, da der Zug abfahrbereit war, und wir passierten ohne weitere Gepäckkontrolle im Abteil die Zonengrenze.

Aber kaum hatten wir die Bundesrepublik erreicht, sprangen meine Mitreisenden jubelnd auf, umarmten mich mit inniger Dankbarkeit und streichelten die Bibel in meiner Tasche. Was war geschehen? Auch sie hatten geerbt – aber ohne Ausfuhrgenehmigung – und hatten alle Koffer voll herrlichstem alten Meissner Porzellan, deren ideeller und materieller Wert gar nicht zu schätzen war. So hatten sie dies gerettete Eigentum meiner Familienbibel zu verdanken.

Wen nun diese Bibel interessiert, darf sie sich gerne mal bei mir anschauen.

All meine lieben Freunde ...

wie schnell verging das letzte Jahr, und schon bin ich ein Jahr
älter geworden. Ein Grund zum Feiern oder gefeiert werden?
Wenn ich mir heute – fast acht Tage später – mein Haus
besehe, meine ich fast, es wäre ein runder Geburtstag gewesen,
so habt ihr mich verwöhnt, und ich kann mich nun ganz herzlich darüber freuen. Jedem einzelnen zu antworten würde bedeu-
ten, bis Ende November vollauf beschäftigt zu sein. So erzähle
ich euch wieder, wie ich den Sommer verbrachte, und ihr wer-
det staunen, wohin er mich reisen ließ. Ich muß dem Herrgott
aufs herzlichste danken dafür, daß ich so viel Schönes sehen
und erleben durfte. Und verlaßt euch drauf, daß ich das tue!

Aber nun zur Sache! Einigen berichtete ich schon von einer
Reise in unser Ostdeutschland im März. Wen es noch interessiert, es sind noch einige Berichte zum Verschicken vorhanden.

Über Pfingsten war dann wieder unsere große Kirchenchorreise
fällig, die ich ja immer besonders gerne mitmache, weil ich
hier einen so echt liebenswürdigen Kreis von Menschen gefunden habe, in dem ich mich richtig wohl fühle. Diesmal ging
es in die Normandie und die Bretagne, wo wir Frankreichs
schönste Kathedralen erleben durften. In Rouen begegneten wir
außerdem noch Jeann d'Arc, die ich immer besonders geliebt
und bewundert habe. In der Kathedrale haben wir ein festliches
Hochamt gesungen und so Zeit und Stille gefunden, uns in die
innere Schönheit dieser Kirche hineinzusehen. Von außen ist
sie ja, im Stil der französischen Kathedralen erbaut, allgemein
bekannt.

Über das Heiligtum der kleinen Therese von Lisieux, übrigens staunenswert großzügig im Stil des 19. Jahrhunderts angelegt und zur Aufnahme ganzer Pilgerzüge gedacht, ging die Fahrt weiter zu dem berühmten Teppich von Bayeux, einem Kunstwerk (ich glaube, es war 70 Meter lang), von dessen handwerklichen und historischen Wert nur der sich ein Bild machen kann, der ihn wirklich gesehen hat. Ich war fasziniert davon. Allein die immer wiederkehrenden Brauntöne der Stickerei und der Ideenreichtum der geschichtlichen Erzählung des Thronfolgerstreits zwischen Frankreich und England sind unvorstellbar, wenn man hin nicht gesehen hat.

Und weiter fuhren wir nach St. Maló, um den berühmten Mont Michael zu sehen. Es war wieder für mich ein Erlebnis, obwohl ich ihn schon zum zweiten Mal sah.

Anger, was wir dann besuchten, war wiederum engstens mit der Jeann d'Arc und ihrer Sage verknüpft und erlaubte einer blühenden Phantasie, sich das junge Mädchen in einer wunderschönen Stadtburg in ihrem Kampf um Anerkennung vorzustellen. Ein herrlicher alter Teppich mit Erzählungen aus dem Alten Testament sowie ein fast noch interessanterer aus unser jetzigen Zeit überraschten uns dort, und wir konnten uns nicht sattsehen. Wieder krönte eine große Kathedrale mit einer reizenden Figur der hl. Cäcilie (Schutzpatronin der Kirchenmusik) die Stadt.

Am Loire-Schloß Chinanceau vorbei, das besonders sehenswert ist durch seine wunderschönen Gartenanlagen und die in großen Bögen unter dem Schloß vorbeifließenden Loire, fuhren wir nach Chartre, dem Höhepunkt aller Kathedralen mit ihren berühmten Fenstern und Rosetten. Aber die Kirche ist so bekannt, daß ich nicht näher darauf eingehen möchte. Ich sah sie jedenfalls zum ersten Mal und war ungeheuer beeindruckt von den wundervollen Farben und der Vielfalt der Gestaltung dieser drei berühmten Rosetten und Fenster.

Und dann folgte Reims, wo wir das große Fest der Jeanne d'Arc mit dem Erzbischof in der Kathedrale miterlebten. Einen richtigen Festzug mit Königskrönung und hl. Johanna hatte sich Reims einfallen lassen. Rund um die Kathedrale und in der Altstadt war Jahrmarkt aus Anlaß der Krönung (vor vielen hundert Jahren). Es war wunderschön, das alles mitzuerleben.

Versailles und eine sehr interessante Schloßbesichtigung (sie geben immer wieder, außer dem Spiegelsaal, neue und interessante Räume zur Besichtigung frei) waren dann das vorletzte Erlebnis dieser so schönen Tage. Als Abschluß besuchten wir noch eine Champagner-Kellerei, die hochinteressant war, wenn man bedenkt, daß jede Champagner-Flasche neben aller Pflege noch ab und zu *per Hand* in ihren Regalen gedreht wird, ehe sie den Endkonsumenten erreicht – so ist der Preis dafür erklärlich. Wir dankten mit einem Chorlied für ein köstliches Glas dieses edlen Getränks und fuhren dann, zwar todmüde, aber vollgefüllt mit herrlichen Erinnerungen, ins heimische Köln zurück.

Meine dritte Reise machte ich dann im Juli mit Enkel Georg zum Abschluß seiner Militärzeit nach Amerika. Wir starteten in Washington, was Georg noch nicht kannte, und flogen von dort nach Salt Lake City. Von hier ging es per Avis rent a car über Pocatello in den Yellowstone Park, den wir uns mit all seinen unfaßbaren landschaftlichen Schönheiten buchstäblich „erfuhren". Wilde Schluchten, herrliche Wasserfälle und noch schönere Seen und vor allem das Yellowstone (Gelber Stein)

Canyon brachte uns so richtig zum Bewußtsein, wie großartig dieses Gegend ist. 90 Meter hoch war der große Wasserfall im Canyon, und tief unter uns floß der Fluß als scheinbar kleines Rinnsal durch dieses krassgelbe Tal hindurch, das von weit über hundert Jahre alten Bäumen gesäumt wurde. Leider sind vor drei Jahren fast vierzig Prozent des alten Waldbestandes abgebrannt. An den verbliebenen sechzig Prozent ahnt man die Schönheit des Vergangenen. Und all das erlebt man in über 2.000 Metern Höhe bei herrlichstem Klima und Wetter.

Über New York, das mich ja immer wieder in seinen riesigen Dimensionen in Staunen versetzt, ging es dann wieder in den Kreis der Familie heim.

Meine letzte diesjährige Reise beendete ich genau zwei Tage vor meinem Geburtstag. Meine Freundin Inge und ich sowie Freund Otto (verwitwet wie wir) machten eine wunderschöne Ägäisfahrt von Venedig über den Isthmus von Korinth, einem Erlebnis ganz eigener Art, nach Athen. Hier sahen wir, da wir nur einen Nachmittag frei hatten, das Cap Sunion mit seinem schönen Poseidon-Tempel. Athen kannten wir drei schon, so genossen wir die Akropolis von unten bei einer guten Flasche griechischen Weins in fröhlichster Stimmung.

Am anderen Tag brachte uns die „La Palma" nach Rhodos, wo wir Lindos erstiegen samt seiner schönen Akropolis. Immer wieder faszinierten uns die rosa Ruinen und Felsen im blauen Mittelmeer.

Weiter ging es nach Kreta, wo wir um 9.30 Uhr morgens bei 32 Grad im Schatten durch das recht sonnige Knossos geschleift wurden. Hochinteressant, aber eben sehr heiß. Ein Eis-Capucino unter Pinien im Museumsgarten war danach eine rechte Erholung.

Über die Erinnerungsinsel an die Kaiserin Sissi, Korfu, die wohl zu den lieblichsten der drei Inseln gehört und mit seinen Palmen, Pinien und Zypressen den Schloßpark des Achilegoes (Schloß der Kaiserin) besonders abwechslungsreich gestaltete, ging es dann zur vorläufigen Endstation Dubrovnik, dem früheren Ragusa, was für mich diesmal absolutes Neuland bedeutete. Ragusa (es schreibt und spricht sich einfacher) ist eine alte, gut erhaltene kleine Festungsstadt, und wir sind voller Begeisterung die ganze alte Stadtmauer abgelaufen. Ich kann euch versichern, die Kamera lief heiß, so schön waren die Ausblicke von diesem Festungsweg.

Natürlich blieben wir nicht acht Tage in der Sonne liegen, sondern machten herrliche Fahrten in die dalmatinische Landschaft. In Bosnien-Herzegowina besuchten wir Mostar, bekannt wegen einer altrömischen Brücke über die Neretva, deren Konstruktion für die damalige Zeit wohl als Kunstwerk bezeichnet werden kann. Wir sahen Kotor, Setinje und Budva in Montenegro und erreichten als letzten Ausflug Korcula, eine interessante Halbinsel der Küste, mit dem Luftkissenboot.

So viel könnte ich euch noch von einem unglaublich abenteuerlich angelegten Serpentinenweg nach Setinje berichten, wo unser Busfahrer mehr als ein Künstler sein mußte, um den langen Bus in einem Schwung durch die Kurven zu bringen. Aber langsam wird der Bericht zu ausführlich, und ich werde ja viele von euch mal treffen, um dann mit Hilfe wunderschöner Aufnahmen euch noch ausführlicher davon zu berichten.

Für heute mache ich nun mit der Rückfahrt über Venedig und pünktlichem Flug nach Köln Schluß. Ich kann nur sagen: Alles weitere mündlich!

Euch allen nochmals innigsten Dank und viele, liebe Grüße von eurer ...

All meine lieben Geburtstagsgratulanten!

Nun sagt mal, das war doch diesmal gar kein besonderer oder runder Geburtstag! Und wiederum habt ihr mich unglaublich verwöhnt, so viele und liebe Grüße und Glückwünsche kamen an, daß ich mich wieder nur mit diesem Rundbrief bedanken kann, sonst könnte ich die Weihnachtsgrüße gleich noch mit zur Post geben! Seid sicher, ich habe mich über alles unglaublich gefreut und danke euch allen von ganzem Herzen!

Aber nun wollt ihr doch ganz gerne wieder wissen, wie die reiselustige Johanna wohl die Sommermonate er-, oder besser „über"lebt hat. Herrlich, sage ich euch! Und das war so: Karneval und Ostern waren, wie in jedem Jahr, so auch diesmal, wieder meiner Schweizer Familie (Dorle & Co.) vorbehalten, wo ich wiederum zehn herrliche Tage mit den Enkeln verlebte. Die „Schweizer Fassenacht" ist immer wieder ein Erlebnis, und besonders das „Monsterkonzert" am Fastnachtsdienstag ist überwältigend. 80 bis 90 Gruppen von je 35 bis 40 Menschen mit den unglaublichsten Masken und Kostümen durchziehen die Luzerner Altstadt. Der Rhtythmus der vielen Trommeln und das schrille Pfeifen der Klarinetten, Flöten bzw. Trompeten durchdröhnen in einem mitreißenden, ganz bestimmten Taktgefüge die Altstadt. Die Masken sind alle erschreckend und je Gruppe immer die gleichen und dienen dem Zweck der Abschreckung und Vertreibung der bösen oder der Wintergeister. Die Stille nach dem Zug ist wie ein Aufatmen und Erahnen des kommenden Frühlings. Das war Nummer eins.

Als nächstes ging es in die Heimatstadt meiner Eltern nach

Eisleben. Gute Freunde begleiteten mich auf dieser Autoreise und halfen mir mit viel Engagement, die Probleme zu bewältigen, die sich bei einem zurückgegebenen, zwar wunderschönen, aber sehr verlotterten Haus ergeben. Als kleinen Dank zeigte ich ihnen mein geliebtes altes Eisleben, den wunderschönen Marktplatz, der schon langsam wieder ein renoviertes Aussehen bekam, und einige alte Kirchen, in einer von ihnen ist ja bekanntlich Martin Luther getauft worden, die vor allem in ihrem Inneren erstaunlich gut erhalten sind und sehr schön renoviert wurden. Ein Abstecher in den Südharz gestaltete diese Reise recht abwechslungsreich.

Danach feierte ich in Zürich den 85. Geburtstag einer lieben Freundin und rutschte natürlich mal schnell für ein paar Tage wieder zu den Kindern nach Luzern herüber.

Am 4. Juli befand ich mich dann in New York! Meine Großnichte heiratete und wollte die Familienseniorin, die ich nun einmal zwangsläufig geworden bin, unbedingt dabei haben. Ich geriet allerdings gerade in die große Hitzewelle, die über 42 Grad Celsius brachte bei bis zu 95 Prozent Luftfeuchtigkeit. Da ich aber durchaus „hitzebeständig" bin, hatte ich meinen Spaß an dem herrlichen Wetter.

Ganz New York drehte an den Straßen die Wasserhydranten auf, und so fuhren wir durch New Yorks Straßen wie durch Springbrunnen. Ein besonders schönes Erlebnis war die Rundfahrt um Manhatten! Es gibt am Ende der Stadt, hinter dem Kloster-Museum, einen Kanal, der den East River mit dem Hudson verbindet und damit Manhatten tatsächlich zu einer Insel macht. So wurde ich wieder einmal um einiges „wissender". Auch daß sich über den East River 23 zum Teil wunderschöne Brücken spannen, war mir ganz neu! Ich kannte bis dahin nur die älteste, die Brooklin Bridge! Auch die riesige Brücke, die Coney Island mit Long Island verbindet, war für mich neu und ein besonderes Erlebnis, als mich mein Neffe Peter darüberfuhr! Als ich 1962 zum ersten Mal mit der „Rotterdam" nach New York kam, gab es diese herrliche Brücke noch nicht, und die Schiffsfähren mußten sie ersetzen.

Ganz reizend war dort auch die Begegnung mit zwei Urgroßneffen, reizende Bürschchen, die die neu entdeckte Urgroßtante nicht schlecht bestaunten!

Danach, fast anschließend, fuhr ich für zehn Tage zu meiner Pensionsfreundin Inge nach Tuoro am Trasimenischen See – nicht sehr weit von Rom entfernt im herrlich grünen Umbrien gelegen. Und hier erfüllte mir Inge einen langgehegten Wunsch. Für zwei Tage fuhren wir nach San Marino! Wer sie kennt, diese herrliche kleine, selbständige Stadt, nicht weit von der Adria entfernt, auf einem einsamen Berg, dem Titano gelegen, weiß, wovon ich rede. Wer sie nicht kennt, muß unbedingt einmal hinfahren. Es ist ein in einer Ebene vor dem Appenin gelegener Berg, der einst einer reichen Christin gehörte. Bruder Marino wurde mit einigen getreuen Christen unter Octavian (um 350 n. Chr.) seines Glaubens wegen verfolgt und suchte mit seinen Gefährten Schutz in den Wäldern dieses Berges. Die oben erwähnte Christin schloß sich dieser Gruppe an und schenkte Bruder Marino den Berg. Er gründete nun hier oben eine Christengemeinde, der sich bald noch mehr Gleichgesinnte anschlossen, so daß mit der Zeit eine kleine Stadt mit drei recht sicheren Festungen entstand, die ihre eigenen Gesetze, Verwaltung, Rechte und Pflichten in diesem Stadt-Staat hatte und sogar eine eigene kleine Kampftruppe besaß.

Ein steil abfallender Felsen, auf dessen oberster Felsenspitze die drei Festungen thronten, machten diesen kleinen Stadt-Staat für damalige Angriffsmöglichkeiten uneinnehmbar. Es gelang weder Päpsten noch Königen noch Kaisern, diese Stadt dem Vatikan oder Italien oder dem römisch-germanischen Reich unterzuodnen. Auch Napoleon schaffte es nicht, und so blieb dieses herrliche Fleckchen Erde bis heute selbständig und bewahrte seine Eigenart. Ihr könnt euch sicher vorstellen, mit welchem Vergnügen und welcher Wißbegierde ich durch diese Stadt gestöbert bin, bis spät in die Nacht hinein, in der die Kirchen und Plätze, das wunderschöne Verwaltungsgebäude und vor allem die drei alten Burgen zauberhaft angestrahlt wurden!

Den Rückweg nahmen wir über Urbino, wo wir einen wunderbaren Gouverneurspalast – ich muß schon sagen – „erlebten". Was haben die Architekten damals geleistet! Stundenlang konnte man sich in den wunderschönen alten Sälen aufhalten und wurde nicht müde, die haushohen Gewölbe, die herrlichen Treppenhäuser und nicht zu vergessen eine wunderschöne Aussicht zu genießen.

Weitere Ausflüge nach Assisi, Pienza, Perugia, Castiglione und der Besuch bei lieben Freunden ließen die Tage im Fluge vergehen! Ich mußte aber heim, denn am 8. August ging es mit den Schweizern nach Hamburg auf die „Vistafjord", die uns rings um England, Schottland, die Shetland-Inseln und die Hebriden schippern sollte und dann als besonderes Erlebnis uns Irland erschloß. Doch davon erzähle ich im Weihnachtsbrief, sonst langweilt ihr euch bei soviel Reisebeschreibung!

Darum bin ich nun für heute mit nochmals ganz innigem herzlichen Dank eure …

Meine lieben Freunde!

Nun „weihnachtet" es wieder, und für mich schon zum 75. Mal. Ich kann es noch immer nicht fassen, aber ich werde mich schon eingewöhnen müssen. Nehmt alle meine herzlichsten Grüße und Segenswünsche zu diesem schönsten aller Feste entgegen. Ich wünsche euch von Herzen frohe und auch besinnliche Festtage.

Als Weihnachtsgruß sende ich euch diesmal den schon im Oktober versprochenen Reisebericht von meiner Geburtstagsreise und hoffe, daß es mir vergönnt ist, euch an den erlebnisreichen Tagen teilhaben zu lassen! Ich machte diese Reise zusammen mit Sohn Theo, Enkel Georg, Freundin Inge und Freund Otto, und ich glaube, wir alle denken froh und dankbar an die Tage zurück, die wir auf der „Vistafjord" verleben durften.

Nach zwei Sturmtagen in der Adria, die wir von Venedig aus durchfuhren, landeten wir am dritten Tag in Athen-Piräus! Leider war uns Katakolon mit einem Ausflug nach Olympia versagt, da wir des Sturmes wegen nicht ausgebootet werden konnten! In Athen trennten sich zunächst unsere Wege. Einige von uns „eoberten" die Akropolis, während Inge und ich uns einen besonderen „Leckerbissen" ausgesucht hatten. Mein Patenkind Sigrid, Doktor der Archäologie, schenkte mir zum Geburtstag eine hochinteressante Ausarbeitung über das Demeter-Heiligtum Eleusis, 21 Kilometer von Athen entfernt, und da wir die Akropolis schon erlebt hatten, fuhren wir dorthin! Schon die Fahrt durch einen heiligen Hain, der zum Teil noch vorhanden war, stimmte uns ein, dieses altehrwürdige Heiligtum aus uralter Vorzeit zu erleben. (Zu alter Zeit zog man in heiligen Prozessionen dorthin.)

Die Ruinen der freigelegten Tempel und Tempelstraßen dieser Göttin der Fruchtbarkeit Demeter sind in Größe und Ausdehnung kaum zu beschreiben. Ihre Tochter Kore, natürlich vom alten Göttervater Zeug gezeugt, erregte den nicht unberechtigten Zorn seiner Ehefrau Hera und wurde von ihr, als Strafe für die Mutter Demeter, mit dem Gott der Unterwelt Hades vermählt. Demter fiel in Trauer, und das Land wurde unfruchtbar. Das gefiel der Hera nun wieder auch nicht, und so durfte die Tochter im Frühling den Hades verlassen und dadurch dem Land über den Sommer hinaus bis in den Herbst hinein die Fruchtbarkeit zurückbringen, bis sie wieder in die Unterwelt zurück mußte. Natürlich wurde uns auch der Eingang zur Unterwelt gezeigt, aber viel eindrucksvoller waren die herrlichen Tempelanlagen und Plätze, in denen die Feiern im Gedenken an die Göttin zelebriert wurden. Nur wenige Auserwählte wohnten dieser Festlichkeit bei. Die Sage berichtet, daß auch Kaiser Marc Aurel mit dabeigewesen ist. Nun waren wir da und konnten uns der Weihe dieser Ausgrabungen nicht verschließen.

Der Nachmittag gehörte dann, mit den anderen wieder vereint, dem Cap Sunion mit seinem herrlichen Poseidon-Tempel (von mir schon einmal früher beschrieben), in dem fast unwirklich weißen Sonnenlicht der dortigen Zone des Ägäischen Meeres!

Zwölf Stunden später landeten wir auf Kreta und blieben leider nur fünf Stunden dort! Da Otto und ich nicht so viel vom „shopping" in der an sich sehr hübschen Hafenstadt Agios Nikolao hielten, ließen wir uns von einem zuverlässigen Taxifahrer quer durch die wunderschöne bergige Insel zu den Lassithi-

Höhlen fahren, einem fruchtbaren Hochtal, das mit Hilfe von Windmühlen, die das Wasser hochpumpen, bewässert wird. In einem Kranz von mittelhohen Bergen lag diese fruchtbare Ebene, geziert von vielen kleinen, weißbespannten Mühlen!

Ein kräftiger Drink (Anislikör!) ließ die Rückfahrt, die zum Teil auf einer Autostraße mit traumhaften Ausblicken auf die Buchten von Kreta und das Mittelmeer entlangführte, wie im Fluge vergehen! Fliegen mußten wir schon, denn pünktlich um zwölf Uhr verließ die „Vistafjord" Kreta – nun in Richtung Kusadasi-Ephesus an der Küste Kleinasiens.

Eine Nacht durften wir uns ausschlafen, dann ging es auf zu neuen Taten! Auch hier waren Inge und ich schon gewesen, so schickten wir die, „die es können", durch die Marmorstraßen von Ephesus zu Fuß, und wir beschäftigten uns mit der Johannis-Basilika in Selçuk, die noch viel schöner als vor zwanzig Jahren, als ich sie zum ersten Mal zusammen mit Theo und Dorle sah, ausgegraben worden ist. Voller Andacht standen wir wieder am neugefaßten Grab des Evangelisten, dem wir so viel Kenntnis über Jesus Christus verdanken. Was lag im Zusammenhang mit Johannes näher als ein Besuch des Hauses, in dem er mit der Gottesmutter Maria viele Jahre gelebt hatte? So fuhren wir von Selçuk aus tief ins Land und hoch in die Berge hinauf, wo mit herrlicher Aussicht auf die Ebene das „Haus der Maria" stand, die Johannes hierher in Sicherheit gebracht hatte, nachdem sie in Jerusalem verfolgt wurden. Tief bewegte uns der Gedanke, daß Maria, die Mutter Gottes, dieses kleine Haus einst bewohnte. Man hat es heute im Innenraum zu einer würdigen Kapelle umgestaltet!

Aber ganz konnten wir das schöne Ephesus, in dem wir vor zwei Jahren im griechisch-römischen Theater ein wunderschönes Konzert erleben durften, nicht links liegen lassen. So steuerten wir das Ende der Marmorstraße an und bewunderten nochmals die Baukunst der Epheser. Neu war hier die Ausgrabung der Agora, des Marktplatzes der damaligen Bewohner, auf die man gleich neben der herrlichen Bibliothek durch zwei neu ausgegrabene Torbögen gelangte. Die Agora wurde von einer zum Teil noch erhaltenen Säulenreihe umsäumt, die der Phantasie zur Vervollständigung freien Lauf ließ.

Nun wurde es aber auch wieder Zeit zur Heimkehr aufs Schiff, das noch am gleichen Abend Kusadasi verließ und Alexandria ansteuerte! Hier erwartete uns Sammy, ein hervorragend beschlagener Wissenschaftler und Fremdenführer mit einer sechssitzigen Mercedes-Limousine, die uns in zweieinhalb Stunden Fahrzeit nach Kairo ins archäologische Museum brachte, was uns leider aus Zeitmangel bei unserem letzten Kairo-Besuch vor zwei Jahren entgangen war. Da ich 1922 durch meinen Vater, der als Bergmann ein begeisterter Hobby-Archäologe war, beinahe „life" die Entdeckung des Tutanchamun-Grabes miterlebte, galt unser Hauptinteresse dieser Abteilung, die im Obergeschoß des Museums fast den ganzen vorhanden Raum in Anspruch nahm. Viele beruteilen die Unterbringung der herrlichen Kunstwerke nicht positiv. Ich empfand sie als durchaus zeitgemäß, entsprechend ihrer Entdeckung und Unterbringung im Jahre 1923, in holzgerahmten Glaskästen und Schränken, übersichtich und sehr würdig präsentiert.

Unser Reiseführer war in altägyptischer Geschichte so beschlagen und versiert, daß er uns das Geschehen der damaligen Zeit überzeugend vermitteln konnte. Drei Stunden verbrachten wir dort und mußten uns dann sputen, um in Gizeh noch einen Rundgang bei Tageslicht durch die Zauberwelt der Pyramiden im Wüstensand zu machen und die liebe, schon bekannte

„Tante Sphinx" zu begrüßen. – Ein gutes Abendessen im Mena-House-Hotelgarten beschloß diesen Ausflug, denn wir hatten bis nach Alexandria noch eine lange nächtliche Wüstenfahrt zu bewältigen. Der nächste Morgen gehörte dann Alexandria und dem Besuch eines dortigen Museums mit dem Abstieg in die Katakomben aus frühchristlicher Zeit.

Pünktlich um zwölf Uhr verließ die „Vistafjord" Ägypten – fünf Stunden später wurden Kairo und Alexandria von dem Erdbeben heimgesucht, das Hunderten das Leben kostete. Die Nachricht, die uns dann in Haifa – Israel – überbracht wurde, hat uns leichte Schauer den Rücken entlanglaufen lassen!

Nun war das letzte und von uns so heißersehnte Ziel unserer Reise erreicht. Voller Spannung bestiegen wir unseren gemieteten Kombi-Kleinbus, gefahren von Jael, wiederum einer erfahrenen und sehr interessierten Reiseleiterin, die uns ihr Israel, das sie sehr liebte, voller Begeisterung zeigte. Als Jüdin verstand sie es, uns die Stätten des Wirkens von Christus so voller eigener Überzeugtheit zu zeigen, daß wir ihr fasziniert zuhörten und mit ihr und Christus das heilige Land erlebten!

Unser Weg führte uns zunächst nach Nazareth zur Verkündigungskirche, die über der Grotte der Verkündigung als griechisch-orthodoxes Heiligtum errichtet wurde und viel von dem Geheimnis der Begegnung mit dem Engel bewahrt hat! Über den wahrscheinlich von der heiligen Familie bewohnten ausgegrabenen Räumlichkeiten hatte man eine tolle Kathedrale errichtet, zweistöckig erbaut und unter Mithilfe der Christenheit aus aller Welt ausgestattet – die Wände der Kathedrale waren mit Mariendarstellungen aus aller Herren Länder bemalt worden, wie man sich eben die heilige Familie in Mexiko, Japan, China oder Afrika beispielsweise vorstellte. Deutschland hatte hierzu einen eigenen kleinen Tempel gestiftet. – Weiter ging unsere Fahrt dann zum See Genezareth, 230 Meter unter dem Meeresspiegel gelegen, den wir in Tiberias erlebten. Es war schon ein sehr eigenes Gefühl, als Christen an der Wiege des Geschehens zu stehen, das durch Jesus von Nazareth in nur drei Lehr- und Wanderjahren das Gottesverständnis in unsere Welt gebracht hat! Es war atemberaubend sich auszudenken, daß wir an dem See standen, über den Christus und seine Jünger gefahren waren, an dem die Menschen der damaligen Zeit Christus erleben durften und von dem aus die Welt verändert wurde!

Wir sahen die Kirche auf dem Berg Tabar, wir durchfuhren die Wüste, in der Christus vierzig Tage gefastet hatte und Satan überwältigte. Wir folgten dem Lauf des Jordan, in dem Jesus getauft wurde, bis zum Blick auf das Tote Meer und standen dann tief ergriffen in Bethlehem an der Stelle, wo die Krippe stand. Sehr tief bewegt erlebten wir die so gläubige Andacht der Menschen in der Geburtskirche und fuhren danach schweigend bei Sonnenuntergang über die Hirtenfelder der Verkündigung in das nächtliche Jerusalem.

Heller Mond in aufgehender Morgensonne, das war der Beginn des Tages, an dem wir nun Jerusalem erleben durften. Die ganze Passion Christi zog über den Ölberg, den Garten Getsemane im Anblick der gewaltigen Stadtmauern von Jerusalem an uns vorüber.

Die alte Stadt betraten wir durch das Jaffa-Tor und gingen durch die wieder ausgegrabene Hauptstraße der historischen Stadt, die von schönen alten Säulen flankiert war, zur Klagemauer des Salomonischen Tempels, in dem Christus gelehrt hatte. Das Laubhüttenfest, dessen ersten Tag wir miterlebten, versammelte fast alle gläubigen Juden vor dieser Mauer. Ein wundersames Zusammentreffen!

Weiter ging unser Weg zum islamischen Felsendom, der sogar geöffnet war und „auf Socken" betreten werden durfte. Ein unglaublich kostbares Heiligtum in hellblau-weiß und gold innen und außen hat sich hier der Islam erbaut. Auch wir konnten uns der Weihe dieser Moschee nicht entziehen!

Gleich dahinter stand das noch erhaltene Gebäude des Pilatus, von dem aus der Leidensweg ging, und wir mit ihm. Sicher sah damals die Via Dolorosa anders aus, aber eine lebhafte Geschäftsstraße mit vielen Menschen und Läden muß sie schon damals gewesen sein! Entsetzlich der Gedanke, daß Christus hier hindurch sein Kreuz tragen mußte!

Die Grabeskirche auf Golgatha ist heute Mittelpunkt der Stadt! Unscheinbar der Eingang und tief eindrucksvoll die kleine Kirche, die den Ort der Kreuzigung zeigt. Viele Kerzen für alle unsere Freunde und Verwandten stellten wir dort auf und baten sie, für uns zu beten.

Wie durch ein Wunder konnte ich, trotz vieler hundert Menschen, die dort standen, in wenigen Minuten bis zum Grab Christi gelangen. Man konnte nur kurze Zeit dort verbringen, aber diese ist unvergeßlich! Es gab kein Foto, kein Blitzlicht, keinen summenden Film, hier verstummte man einfach!

Der Weg zurück durch die alte Stadt war noch wunderschön, aber das große Erleben lag hinter uns. Wir wurden müde, die Füße taten weh (dreieinhalb Stunden Fußmarsch lagen hinter uns!), und wir bestiegen glücklich unseren Kombi, der uns dann auch brav und pünktlich, gesteuert von unserer Führerin Jael, die uns so liebevoll begleitet hatte, zum Schiff nach Haifa zurückbrachte.

Wir besuchten nach zwei Tagen Erholung auf See für wenige Stunden Sorrent, wo uns eine schöne barocke Kathedrale und ein malerischer franziskanischer Kreuzgang gezeigt wurden, und dann ging es über Genua, wo wir nun die „Vistafjord" mit einem weinenden Auge, daß „schon" alles vorbei war, und einem lachenden Auge in der Freude auf ein Wiedersehen in Köln verließen!

Hoffentlich habe ich ein wenig nur vermitteln können, was diese Reise mir bedeutet hat. Nehmt den Bericht als Weihnachtsgruß für euch alle und seid zum Neuen Jahr auf das herzlichste beglückwünscht.

In alter Freundschaft eure ...

All meine Lieben ...

es läßt sich nicht verbergen, es weihnachtet sehr! Und da ich in diesem Jahr wieder mit der Familie unterwegs bin (im Panamakanal in Gedanken aufzufinden), muß ich meine Weihnachtsgrüße schon frühzeitig planen, damit sie bei euch allen rechtzeitig unter dem Christbaum landen. Also, das wichtigste zuerst!

Euch allen sendet ganz herzliche und liebe Grüße zum Christfest und lauter gute Wünsche für ein glückliches und erfolgreiches Neues Jahr eure Mutter Johanna, eure Oma und Omi Hani, eure Mutti oder eure Johanna Prümm.

Vielen von euch versprach ich in meinem Dankesbrief vom Geburtstag einen Bericht von meiner Englandreise mit meinen Kindern und Enkeln aus der Schweiz. Auf beiliegender Grußkarte könnt ihr sie sehen, aufgenommen an Bord der „Vistafjord".

Dieses Quintett bestieg nun Anfang August nach einer gelungenen Stadtrundfahrt durch Hamburg obiges Schiffchen, das nun für vierzehn Tage als schwimmendes Hotel diente.

Als ersten Hafen steuerten wir Tilbury an und fuhren mit der Vorortbahn nach London. Hier ging mein langgehegter Wunsch in Erfüllung: Wir besuchten das Britische Museum, in dem all die Schätze griechischer, römischer und ägyptischer und assyrischer Kunst besichtigt werden konnten, von denen wir in den besagten Ländern schon gehört hatten. Wir wurden nicht enttäuscht, denn sowohl Präsentation als auch Qualität und Quantität der vorhandenen Kunstwerke waren überwältigend. Näher darauf einzugehen würde zu weit führen.

Wer mal zu mir kommt, kann alles in meinen Fotoalben anschauen.

Weiter ging es nach Schottland. Über Invergordon und Inverness steuerten wir den berühmten Loch Ness an und fanden einen langgestreckten See, wie einen nordischen Fjord anmutend, von unglaublicher Schönheit und voller Geheimnisse, inmitten des schottischen Highlands gelegen. Sonne, Wolken, aber kein Regen verwandelten die Landschaft ständig, indessen der sehr tiefe See fast schwarz unter uns lag. Eine alte Kloster-Ruine ragte auf einer kleinen Landzunge in den See hinaus, und von ihr gingen alle Beobachtungen über das heute „Nessie" genannte Untier dieses Sees aus. Mönche dieses Klosters sollen sogar Nachkommen dieses aus dem Zeitalter der Dinosaurier entstammenden Drachentieres gesehen haben. Leider hatte „Nessi" keinen Gruß für uns bereit.

Wir besichtigten ein hochinteressantes Informationszentrum über dieses Untier und staunten über den Einfallsreichtum, mit dem man versucht hatte, diesem Ungetüm auf die Schliche zu kommen.

Zurück ging es nach Invergordon, einer Stadt, in der reparaturbedürftige Bohrinseln aus der Nordsee eingeschleppt werden und die abendliche Landschaft bei unserer Ausfahrt gespenstisch erscheinen ließen. – Durchs Kabinenfenster begrüßten uns am anderen Morgen die grasgrünen buckligen Hügel der ganz im Norden von England gelegenen Shetland-Inseln, absolutes Neuland für uns, wie scheinbar auch für unseren Kapitän, der in respektvoller Entfernung mit der „Vistafjord" weit draußen auf der Reede ankerte. Ein am Kabinenfenster vorbei zu Wasser gelassener Tender zeigte an, daß es Zeit zum ausbooten wurde.

Eine längere Fahrt in einer solchen „Nußschale" brachte uns dann in den ganz reizenden Hafen Lerwick, der von jeder modernen Architektur unberührt im altenglischen, großquadrigen, grauen Wackerstein-Stil ein Stadtbild zeigte, das noch aus dem Mittelalter und früher stammte.

Von einem herrlichen Rathausturm, noch mit Zinnen bestückt, hatten wir einen traumhaften Rundblick auf die alte Stadt und die grünen Inselberge. Der Nachmittag war mit einer Fahrt quer durch die mittlere der Shetland-Inselgruppe verplant. Wir sahen die frühere Hauptstadt Scalloway, die fast noch malerischer als Lerwick inmitten von Seen, Hügeln und Inselgruppen lag. Eine Schloßruine erinnerte an vergangene Zeiten, deren Lebensweise inmitten fast arktischen Winterklimas man nur erahnen konnte.

Unser nächstes Ziel war der Hafen Portree auf der Insel Isle of Skye auf den Inneren Hybriden. Hier lagen wir wieder weit draußen und gewöhnten uns langsam an die ausgiebigen Tenderfahrten, die wenigstens bei einigermaßen ruhiger See bewältigt wurden. Wieder sahen wir so ein herrliches, graues Steinquaderschloß, genannt Dunvegan, diesmal noch von Grafen der Familie MacLoed selbst seit mehr als 700 Jahren bewohnt, und bekamen einen Eindruck von den Lebensgewohnheiten dieser altschottischen Schloßherren. Der Hausherr führte uns selbst!

Nun endlich erreichten wir am anderen Morgen den Norden Irlands, wobei allerdings vorsichtshalber der englische Teil ausgespart wurde. Killybegs, so hieß der kleine Ort, war zunächst nur Durchgangsort zu einer kleinen Stadt, Ardara, in der wir eine altenglische Tweedweberei besichtigten, noch mit Handwebstühlen bestückt, und eine schöne Kirche besuchten, der man gerade nach Abschlagen des neueren Putzes das frühere Aussehen einer grauen Quadersteinfassade wiedergab. Hier sahen wir dann auch auf dem Friedhof die Grabkreuze mit dem Kranz um den oberen Kreuzteil, die für ganz Irland üblich sind – und wohl nur dort.

Bei unserer Rückkehr überraschte uns in Killybegs eine für dortige Verhältnisse großartige Parade, die den ganzen Ort auf die Beine brachte und von vielen Votivfahnen, Dudelsack-Kapellen, Blaskapellen und Honoratioren des Städtchens begleitet wurde. Es ging wohl um den Festtag der Stadtgründung – so jedenfalls interpretierten wir die Ansprachen.

Weiter ging es – unentwegt!
Schon am anderen Morgen steuerten wir in Mittel-Irland die Stadt Galway an – die Tenderfahrt ist ja schon ausführlich beschrieben worden –, so bleibt von der Busfahrt nach Donegal zu berichten, die diesmal besonders eindrucksvoll war. Wir durchfuhren nämlich die inzwischen so bekannt gewordene Gegend des Connemara, einer Landschaft aus Gras, Hochmoor, vielen Seen, gesäumt von einer mittelhohen, blauen Bergkette, die wir in herrlichem Sonnenschein und einem riesigen blauen Himmel, „bestückt" mit weißen, feinen sonnenbeschienenen Wolkenfeldern erleben durften. Die Farben von braunem Moor, dunkelblauen Seen, grasgrünen saftigen Wiesen und diesem Himmel, dazu die umgebende blaue Bergkette, sind nicht zu vergessen. Hier sahen wir auch die vielen Natursteinmauern, die die Wiesen der Bauern begrenzen und den Schafherden eines jeden Bauern ihr eigenes Gras fressen ließen.

Donegal selbst ist ein kleines irisches Städtchen, wieder mit grauem Steinquaderschloß inmitten herrlich grüner Bäume und einem Marktplatz, dem man in jüngster Zeit die nicht uninteressante Form eines Diamantenvielecks gegeben hat.

Zurück ging es nach Gallway, einer Universitätsstadt mit einer großen, neuen katholischen Kirche aus dem Jahre 1996 und sogar einen nach Kennedy benannten Marktplatz. All diese neuen Errungenschaften haben einen besonderen Grund, auf den ich später noch eingehe. Hier gab es noch eine zweite, sehr alte Kirche aus dem 14. Jahrhundert, St. Nicolas, in der Columbus vor seiner endgültigen Ausreise zum neuen Kontinent sein letztes Gebet verrichtet hat ...

Schon am anderen Morgen (ganz schön anstrengend) erwartete uns in Cobh-Cork ein ganz besonderer Leckerbissen. Schon frühzeitig ging es von Bord, diesmal hatten wir sogar angelegt, und eine wieder herrliche Landschaftsfahrt brachte uns zum berühmten Blarney Castle, einer herrlichen uralten Schloßruine. Ein bezaubernd gepflegter großer Park umgab dieses Juwel von Schloß, das im obersten Umgang, der an den Ruinen der alten Burg entlangführte, einen berühmten Stein verborgen hielt. Wer ihn in der Mauer küßte, sollte eine tolle Beredsamkeit erlangen. Ganze „Schiffsladungen", die sich hierher ergossen, schienen dies nötig zu haben, denn in schier unendlicher Schlage standen die „Vistafjord"-Passagiere hier an – soviel Geduld und „Bedarf" hatten meine Familie und ich aber nicht, nur Lucia machte da eine Ausnahme und sammelte die Erfahrung und ein weiteres Souvenir von dieser Reise ein.

Wir genossen in der Zwischenzeit die traumhaften Ausblicke von des Schlossen Zinnen.

Die Besichtigung einer alten Whisky-Fabrik überspringe ich nun aus Zeit- und Platzmangel, trotzdem auch diese alten Gemäuer einer alten Destille hochinteressant waren.

Das war am Nachmittag.

Bevor am Abend das Schiff Cobh verließ, wurde uns ein Bahnhof gezeigt, den ich doch nicht unerwähnt lassen möchte. Vom 11. Jahrhundert bis zur Mitte des 20. Jahrhunderts hat merry old England dieses so schöne Land derart ausgebeutet und geknechtet, daß endlich bei einer durch Kartoffel-Mißernte entstandenen Hungersnot weit über 2,5 Millionen Iren von 1846 bsi 1849 das Land verlassen haben. Der Auswanderer-Bahnhof war eben dieses Cobh, und eine sehr eindrucksvolle Skulpturengruppe als Denkmal dazu, brachte uns das Elend und den Kummer dieser Menschen, die voneinander und von der geliebten Heimat Abschied nahmen, hautnah bei. Diese gezielte Verelendung von Irland ist auch der Grund (ich führte ihn oben schon an), warum Irland noch so sehr als „von früher" erscheint und es eigentlich noch so wenig (dem Himmel sei Dank) von neuen Städten und überhaupt Erneuerungen erkennen läßt. Erst seit Anfang dieses Jahrhunderts gibt es eine eigene irische Verwaltung und Regierung. Es schien mir fast unglaublich. Gegen Abend verließen wir Cobh, um mancherlei Erkenntnisse und viel Schönheit in ihrer Ursprünglichkeit bereichert.

Der andere Morgen brachte dann Dublin, die Hauptstadt des irischen Staates, in Sicht, an die wir frohe Erwartungen geknüpft hatten – und wir wurden nicht enttäuscht. Auch hier fanden wir wiederum bestätigt, daß die Vergangenheit im Stadtbild vorherrschte, aber da es die „neue" Hauptstadt war, hatte man schon sehr vieles gepflegt und erneuert, ohne das Stadtbild zu zerstören. Klassistische Regierungsbauten, Universitätsbereiche und Museen waren vorherrschend. Einige Neubauten, architektonisch durchaus interessant, waren schon anzutreffen, aber alles blieb nach oben hin in erträglichen Grenzen.

Natürlich besuchten wir St. Patrick Cathedral sowie die Christ Church, beide anglikanisch natürlich, da in Irland von 1708 bis ca. 1840 das Ausüben der katholischen Religion vom englischen Staat verboten war und streng bestraft wurde. Beide Kirchen waren unglaublich schön und beeindruckend. Könnte ich sie euch doch mal in meinem Fotoalbum zeigen! Allein diese Kirchen von außen und von innen zu beschreiben würde einen neuen Brief füllen – und dieser ist doch schon so lang!

Bleibt noch ein Bericht über das berühmte „Book of Kells", ich entnehme ihn einem sehr guten Bericht:

„Um einen Blick auf das Book of Kells zu werfen, nehmen Studenten und Touristen geduldig lange Warteschlangen in Kauf. Dieses 340seitige Manuskript aus Pergament ist eine illustrierte lateinische Fassung des Neuen Testaments, niedergeschrieben von irischen Mönchen im 8. und 9. Jahrhundert. Die Anmut der Schriftzüge, die verzierten Anfangsbuchstaben und -worte, die abstrakten Zeichnungen und vor allem die Heiligendarstellungen in diesem kostbaren Relikt irischer Geschichte sind einzigartig. Jeden Tag wird eine andere Seite aufgeschlagen, einmal, um es vor dem Lichteinfall zu schützen, und zum anderen, um den Besucher nochmal zu locken."

Ein faszinierendes Erlebnis war auch der Besuch der alten Bibliothek im Trinity College. Allein das Gebäude, ein gewölbter, langer Raum, in dessen zweistöckigen Regalen sich Tausende von Büchern befanden, die vor 1800 gedruckt wurden, war atemberaubend. Auch hier können nur Aufnahmen vollständig berichten, wie ergreifend diese Bibliothek wirkte.

Einen vollen Tag, von 8 bis 21 Uhr, bemühten wir uns, einen Eindruck von dieser schönen Stadt zu gewinnen und bedauerten sehr, daß wir nicht länger dort bleiben konnten.

Und noch weiter ging diese unendliche Reise. Diesmal landeten wir in Waterford, das, in nun schon gewohnten Bussen in einiger Eile, ohne besondere tiefere Eindrücke zu hinterlassen, durchquert wurde und uns zum Schloß Cahir und weiter zur Cashel Cathedral führte.

Schloß Cahir stammt ca. aus dem 13. Jahrhundert und hat mit dicken alten Mauern, herrlichen grünen Innenhöfen und sogar teilweise noch erhaltenen Wohnräumen die vielen Jahrhunderte bis heute überlebt. Der Reichtum des alten Irland konnte nicht besser über die Zeit der Knechtung dieses Landes herübergebracht werden.

In Cashel Cathedral, die nicht weit davon auf einem riesigen Felsen, dem St.-Patricks-Felsen, im Jahre 1134 schrittweise bis zum 14. Jahrhundert erbaut wurde, beherrscht das Golden Vale, eine Landschaft zwischen Waterford und Cork. Neben dem unglaublich eindrucksvollen Gebäude der Kathedrale und des großen Burgturmes stand das berühmte St.-Patricks-Kreuz, das auf einem Felsstein errichtet wurde, auf dem vor vielen hundert Jahren die Krönung der Könige von Munster (Name der dortigen Landschaft) stattfand. In der Form des sehr eigenartigen Kreuzes ist die Figur des hl. St. Patrick im langen Ordensornat zu erkennen.

Aber nun fehlt mir und euch die Zeit, weiter ausführlich zu berichten.

Viel ist von Falmouth und Dover auch nicht mehr zu erzählen, und so ganz aufnahmefähig waren wir nach den anstrengenden Tagen wohl auch nicht mehr.

Meine vielen Bilder erzählen noch mehr von dieser Reise als ich mit Worten wiedergeben konnte. Wer mich mal besucht und interessiert ist – bitte danach fragen.

Heil, gesund und müde landeten wir wieder in Hamburg. Irland bleibt uns allen in unvergessener Erinnerung.

In diesem Sinne nochmals ganz liebe Festtagsgrüße von eurer ...

Meine lieben
Kinder und Enkelkinder,
all meine lieben Freunde!

Heute, am 29. September 1994, schreibe ich euch diese Dankeszeilen und bin immer noch so gut wie sprachlos, wie ihr mich alle mit wunderschönen Blumen, Büchern und sonstigen Geschenken verwöhnt habt. Es war doch noch gar nicht wieder ein „runder" Geburtstag (wenn man von 7 mal 11 absieht), sondern ein ganz „einfacher". Ihr solltet mal mein Wohnzimmer sehen, ich bin buchstäblich „auf Rosen gebettet" worden, wie ein guter Freund so lieb feststellte. Und wie soll ich mich für das alles nun bedanken?

Da ihr mir alle immer wieder gesagt habt, daß euch meine Reiseberichte Freude machen, will ich euch diesmal als Dank von meiner achttägigen Reise nach Spanien, Madrid und Umgebung, berichten, die ich mit meinem Enkel Christian unternahm. Diese Reise war schon ein Jahr vorher geplant, scheiterte aber zunächst an den eingeplanten Mitfahrern. Der „weiße Fleck" auf meiner europäischen Landkarte blieb aber, und ich freute mich dann sehr, daß ich Christian für dieses Unternehmen gewinnen konnte, vor allem weil er ein vorzüglicher Fahrer ist und durch die Mauerstädte Spaniens wie ein Teufel durch die Hölle zu fahren wußte, aber auch, weil wir beide ein durch alle bisherigen Reisen gut aufeinander abgestimmtes Team sind.

Aber nun schön der Reihe nach:

Am ersten Tag landeten wir gut in Madrid und beendeten den Tag mit einem Snack in der Hotelbar.

Der nächste Tag gehörte dann dem Hauptziel der Reise, dem Prado, von dem ich schon jahrelang geträumt habe. El Greco, Velasquez, Goya und Marillio in Originalen zu sehen, war ein ergreifendes Erlebnis. Durch die betonte Einfachheit der Räume und Hallen kommen die Bilder zu unglaublicher Wirkung. Jedes einzelne Gesicht eines El-Greco-Bildes ist ein Spiegel der Seele des Dargestellten. Wie sprechend sind die Züge der einzelnen von ihm dargestellten Apostel, ganz zu schweigen von seinem Christus-Bild! Die so anspruchsvollen Roben der spanischen Königskinder von Velasquez und Goya sind zudem weltweit bekannt und berühmt, ebenso die bezaubernden Madonnendarstellungen. Ganz reizend fand ich auch die Kindermotive von Marillio, zu denen ich, aus anderen Museen, schon immer eine besondere Beziehung gehabt habe. Diese auch im Prado und in solcher Vielfalt zu finden, hatte ich nicht vermutet!

Aber laßt mich weiter berichten, sonst führt es zu weit. Außerdem hatte ich nach fünf Stunden Prado die Füße gleich unter den Knien hängen, und wir erholten uns dann in der Schloßkirche Nuestra Señora de la Almudena gleich neben dem Madrider Königsschloß, die in fast unererwarteter Schlichtheit für uns besonders eindrucksvoll war, weil in Spanien ganz sicher eine wohltuende Ausnahme!

Aber der Tag war noch nicht vorbei – eine Panorama-Tour per Bus am Nachmittag gab nun einen Gesamteindruck von der Größe und barocken Schönheit dieser Stadt, für mich nach den zerstörten Städten in Deutschland immer wieder ein nostalgisches Erlebnis.

Der Abend hatte dann eine ganz besondere Überraschung in petto. Wir hatten die Gelegenheit, in einem spanischen Restaurant bei einem köstlichen Essen einen dreistündigen Flamenco zu erleben. Ich liebe diesen so temperamentvollen und überaus rhythmischen Tanz ganz besonders. Es ist für mich immer wieder ein Erlebnis, die Füße und vor allem die grazilen Bewegungen der Hände und Arme von Tänzern und Tänzerinnen zu beobachten. Ich finde die Musik dazu geradezu aufreizend, und es fällt mir heute noch schwer, Hände und Füße dabei still zu halten. Dazu kam, daß bei dieser Aufführung ganz wunderschöne farbenreiche Kostüme getragen wurden mit weiten Stufenröcken, die durch die betont einfachen Anzüge der männlichen Tänzer ganz besonders zur Geltung kamen.

Totmüde, aber voller Begeisterung landeten wir dann gegen zwei Uhr morgens im Hotel und schliefen voller Erwartung dem neuen Tag entgegen.

Der war kalt, aber sonnig! So zog ich erstmal alles übereinander, was ich mit hatte, zwei Unterkleider, Bluse, Strickjacke, Jackenkleid, Jacke und sogar einen Anorak, der eigentlich nur auf Vronis dringenden Wunsch im Koffer gelandet war, und auf ging es zu neuen Taten. Da wir noch keinen Leihwagen hatten (der kam erst am Nachmittag), charterten wir ein Taxi und durchquerten nochmals Madrid, um uns näher anzusehen, was uns am Tage zuvor bei der Panorama-Fahrt gut gefallen hatte. Dazu gehörte eine ganz alte Brücke über den Rio Manzanares, die noch aus römischer Zeit stammte und mit wuchtigen runden Pfeilern gegen den Strom anzuschwimmen schien. Danach durchfuhren wir ein ganz neuerbautes Viadukt, über das eine breite, fast stadtautobahnähnliche Straße führte, die den Königspalast mit dem Stadtinneren verbindet. Eine Kirche, San Francisco, sollte Eintritt kosten, und als wir dann hineinschauten, war sie von oben bis unten eingerüstet.

Die haben wir uns dann gespart.

Weiter ging es zu einer wunderschönen kleinen Basilika-Hallenkirche, meines Erachtens Spätbarock mit einem schönen, relativ schmalen, aber bis unter die Kuppel reichenden, holzgeschnitzten Altar, San Michael geweiht. Die Kirche vermittelte eine ganz eigenartige Stimmung und Andacht, die man wegen der vielen Besucher in den sonstigen spanischen Kathedralen sehr vermißt!

Weiter ging die Fahrt zum alten und neuen Rathaus an einem sehr hübschen und kleinen Platz, der Piazza de la Villa mit Blumenbeet und Denkmal, gelegen. Das alte Rathaus war im altspanischen Stil erbaut: unregelmäßige Steine mit Mörtel verbunden, wie ich es auch vielfach in Italien gesehen habe. Daneben stand das „neue" Rathaus, wieder spätbarocker Stil und von zwei eleganten Türmen eingerahmt. Es war sehr interessant, diese zwei Bauwerke, jedes aus seiner Zeit, zu vergleichen.

Danach durchfuhren wir herrlich breite Straßen mit Bäumen und Alleen, um etwas weiter außerhalb die berühmte Stierkampfarena zu entdecken. Ein eindrucksvolles Denkmal eines von einem Stier getöteten berühmten Toreros war so ergreifend, daß einem der Spaß an einer von den Spaniern mit so viel Begeisterung begleiteten Fiesta glatt verging. Auch ich hatte mit einem „Dabeisein" geliebäugelt, konnte mich dann aber doch nicht zum Kartenkauf entschließen, vor allem nicht, nachdem ich in Avila eine Stierausstellung gesehen hatte, die uns diese majästetischen Tiere, eins schöner und kraftvoller als das andere, in allernächster Nähe erleben ließ. Zum Schrecken von Christian wagte ich mich so dicht in meinem fotografischen Ehrgeiz an die Tiere heran, um die wunderschönen Köpfe mit den so gefährlichen Hörnern aufs Bild zu bekommen, daß er

Angst um die Oma bekam. Unvorstellbar war es danach für uns, wie diese Tiere unter dem Jubel der Menschen getötet werden konnten!

Nun war auch unser Leihwagen angekommen, der sich als reichlich großer Mercedes (180) erwies. Im Vorausblick auf die kommenden Ziele, Toledo, Avila und Segovia, wurde ich bedenklich, aber mein Superfahrer Christian jubelte unbedenklich! So erprobten wir ihn, nach einem Schnellimbiß mit Hühnerbeinchen, direkt bei einer Besichtigungsfahrt zum El Escorial. Nur 40 Kilometer entfernt von Madrid baute sich im 16. Jahrhundert Philipp II. dieses sein Traumschloß und Kloster „San Loranzo de El Escorial", von dem ich vor langer Zeit ein hochinteressantes Buch gelesen habe. Und wir wurden nicht enttäuscht. Schon beim Anfahren leuchteten uns von weitem die Türme und Bauten dieses einmalig weißen Gebäudes inmitten der grünen Berglandschaft entgegen. 161 Meter breit war die Hauptfassade, und durch ein mit Säulen geschmücktes Portal betraten wir den „Hof der Könige" und standen vor einer tollen Kirche, die in ihrer Gruft die Särge der spanischen Könige und Königinnen seit Karl V. barg. 300 Zimmer, 16 Höfe, 15 Kreuzgänge und 88 Springbrunnen waren an diesem einen Nachmittag nicht zu bewältigen und zum Teil auch geschlossen.

Was wir aber besichtigen konnten, war mehr als eindrucksvoll: dies betraf vor allem die königliche Bibliothek, die in ihrer Aufmachung stark an die Bibliothek der Vatikanischen Museen erinnerte und deren besonders schöne Tonnendecke man einfach erleben mußte! Die Klosterkirche war in fast schmucklosem barocken Stil erbaut, und die inneren Säulen waren so gerichtet, daß man, ohne rechts oder links abgelenkt zu werden, direkt auf den Hochaltar zuschritt, der die gesamte Ostwand des Chores bedeckte, wie vielfach in Spanien, und rechts und links von Engeln und Heiligenfiguren bis an die Decke flankiert wurde. Nur Postkarten konnten hier den wirklichen Eindruck vermitteln, die Kamera schaffte das nicht, und ich deckte mich reichlich ein. Zu schnell hat man sonst die vielen Eindrücke vergessen.

Als letztes „Abenteuer" (anders kann man es nicht bezeichnen) wartete dann noch auf uns das „Valle de los Caidos", ein Ehrenmal für die Gefallenen des Bürgerkrieges von 1935/36, das Franco als echter Usurpator in überdimensionalen Maßen in der Zeit von 1940 bis 1956 errichten ließ und das dann zu seiner eigenen Grabstätte wurde. Es liegt nicht weit vom Escorial entfernt tief in den Bergen bei Guadarama. Ein riesiges Kreuz auf einem Felsen, 150 Meter hoch mit 46 Meter langen Kreuzesarmen überragte fast überdimensional das ganze Bergtal. Vier 25 Meter hohe Figuren bildeten den Sockel des Kreuzes. Der Blick ins Land war von dort aus traumhaft schön, und der Anblick dieses Ehrenmals von der unteren Ebene einfach überwältigend. In den Felsen, über dem dieses Mahnmal errichtet wurde, hatte man in den gewachsenen Stein eine unterirdische Felsenbasilika hineingehauen, 262 Meter lang und 20 Meter breit. Die Felsengewölbe waren hinter den verzierten Abstützbögen als rohes Gestein erkennbar.

Vor dem Hochaltar war das Grab des Gaudillos Franco. Die Wände, die zum Hauptaltar führten, waren mit riesigen Wandteppichen behängt, die Szenen aus der Apokalypse des Johannes darstellten. Mehr als zehn Jahre wurde an diesen Teppichen gearbeitet!

Inzwischen war es draußen bitterkalt geworden, und nachdem

wir nochmals den herrlichen Blick ins Land von dem riesigen Vorplatz der Kirche aus genossen hatten, verkrochen wir uns in den warmen Mercedes und fuhren zurück nach Madrid. Das war dort nun auch unser letzter Abend! Der andere Morgen hatte ein volles Programm, aber davon erzähle ich dann im Weihnachtsgruß mehr. Sonst geht es euch wie mir, daß man einiges durcheinanderzuwerfen beginnt.

Also, nochmals für all eure Liebe meinen herzlichsten Dank. Dann bis Weihnachten! Immer eure ...

All meine Lieben!

Wie schnell verging das Jahr 1994! Vergangenes Jahr erlebten wir Weihnachten mit der Familie auf der „Europa". „Auf den Spuren der Mayas" nannte sich die Reise, und ich meine, Christabend und Silvester wären vorgestern gewesen! Und schon wieder ist es Weihnachten! Nach einem für mich recht ereignisreichen Jahr sind meine Familie und ich diesmal wieder daheim und freuen uns auf die Festtage.

Euch allen wünsche ich zunächst ein frohes und gesegnetes Christfest, ein gesundes, glückliches Neues Jahr und uns allen irgendwo und irgendwann ein frohes Wiedersehen!

Ihr habt mich immer wissen lassen, daß ihr euch über meine Reiseberichte gefreut habt. Da mir auch diesmal nichts bessers einfiel, möchte ich euch eine kleine Spanien-Schnellfahrt schildern, die ich mit meinen Enkel Christian Anfang September – nach einer etwas längeren Planung – unternommen habe. Den ersten Teil, Madrid und das Escorial, habe ich schon in einem Geburtstagsrundbrief geschildert, so daß wir nun zum zweiten Teil übergehen können! Wer von euch hätte noch Spaß am ersten Teil?

Soweit ich mich erinnere, schloß ich den letzten Bericht mit einem in Spanien bestimmt originellen Abendessen in einem italienischem Restaurant. Italienisch essen ist jetzt anscheinend in ganz Europa „in".

Also, am anderen Morgen holten wir das Leihauto aus dem Stall und nahmen die Richtung Toledo ins Visier.

Alle Fahrten hatten wir um Madrid herum auf höchstens

zwei Stunden Fahrzeit eingeplant, was sich als sehr praktisch erwiesen hat!

Wir fuhren zunächst nach Toledo durch, checkten im vorbestellten Hotel ein, um aus Sicherheitsgründen die Koffer loszuwerden (so sicher wie in früheren Zeiten ist es in Spanien leider nicht mehr) und fuhren dann einige Kilometer zurück zu dem bezaubernden Sommerschloß der spanischen Könige, Aranjuez, bekannt aus „Don Carlos": „Vorbei sind nun die schönen Tage von Aranjuez", und das mit Recht! Aranjuez war außen wie innen ein Traum! Spätbarock mit allen Spanien zur Verfügung stehenden Kostbarkeiten im Innern des Schlosses ausgeschmückt! Um das Schloß und durch einen riesigen Schloßpark – mehr ein Wald – herum fuhr uns ein lustiges Bähnchen und zeigte in einstündiger Fahrt, wie man aus einem Wald einen „Wald-Park" machen kann. Ohne das Bähnchen hätten wir das nie erleben können, da die Ausdehnungen von Schloßgarten und Wald-Park viele Stunden Fußmarsch erfordert hätten. Könnte ich euch doch mal meine Aufnahmen zeigen, die ich aus dem Bimmelbähnchen gemacht habe! Und alles bei Sonnenschein und nicht mehr als 20 Grad Wärme, also voll erholsam! Ein wenig sind wir dann noch durch den Park gewandert, der aus vielen, im Abstand von etwa 100 Metern angelegten Plätzchen mit lauschigen Bänken und sprudelnden Brunnen ein Abbild damaliger Gartengestaltung war! Am Abend in Toledo waren wir zu weiteren Erkundungen zu müde, so entdeckten wir eine große Liebe zu „Sangria", einem vitaminreichen Nationalgetränk der Spanier auf Rotweinbasis, der uns später das Einschlafen ungemein erleichterte!

Aber nun hielt uns nichts mehr, und am nächsten Morgen gingen wir zum Vollangriff auf Toledo über! Als erstes stand natürlich der berühmte Alcazar auf dem Programm, der nach wie vor beherrschend über Stadt und Stadtmauer auf der höchsten Erhebung von Toledo das Gesamtpanorama der Stadt bestimmt. Der Bürgerkrieg unter Franco hatte 1936 drei Monate lang um dieses Wahrzeichen des Widerstandes getobt und es fast vollständig zerstört. Sein Wiederaufbau ist hervorragend gelungen und hält in seinem Inneren heute die Erinnerung an die fast 90 Kampftage wach. Überwältigend ist der Rundblick, den man von dem Hügel aus auf Toledo und seine umliegende Berge hat!

Danach, ich kann nur sagen „erlebten" wir die Kathedrale, die 1226 nach Abzug der Mauren anstelle der Hauptmoschee errichtet wurde. Ein eindrucksvoller Bau, spanische Gotik, ist hier, wohl aus Dankbarkeit für die Befreiung von den Mauren, entstanden. Er zog uns vollständig in seinen Bann. Ein riesiger Goldaltar (eine Tonne Gold wurde hier benötigt) und 750 sehr schöne Glasfenster gaben dem Inneren die nötige Weihestimmung. Eine drei Meter hohe Monstranz in der Schatzkammer war unbedingt sehenswert und muß erwähnt werden!

Ab jetzt beherrschte die Erinnerung an El Greco, den großen spanischen Maler griechischer Herkunft, den Rest des Tages. Schon in der Sakristei des Domes fanden wir ein Gemälde von ihm, „Expolio" genannt, und folgten nun seinen Spuren in seiner Wahlheimat Toledo. Eine kleine, vielbesuchte Kirche, St. Thoma, besaß als Altarbild einen riesigen El Greco, der den Tod des „Grafen von Organz" (keine Ahnung, wer das war) darstellte und wohl das einzige Mal unter den würdigen Spaniern, die dieses Geschehen mitansahen, sein eigenes Porträt zeigte! Kaum zu glauben, was dieser so schlicht aussehende Mann geleistet hat!

Am Nachmittag legte sich dann Engel Christian mit einer Erkältung für einige Stunden schlafen. Ich nutzte die Zeit zu einer Taxifahrt durch die diversen Tore und über zwei alte Brükken der Stadt und gelangte dann auf diesen „leichten" Umwegen zum Hauptziel, dem Haus, in dem El Greco in seiner Toledo-Zeit gewohnt hat. Es war ein sehr hübsches Haus mit einem entzückenden Innenhof. Das schönste aber waren die vielen Gemälde von ihm, die die Wände des Hauses fast tapezierten! Nicht alles waren Originale, aber viele, doch die Kopien so gelungen, daß sie die Größe seiner Kunst und die Vielfalt seines Schaffens beeindruckend vermittelten.

Eine weitere Kirche, S. Maria la Blanca, habe ich mir noch sehr interessiert angesehen. Hier hatte man aus einer Moschee erst eine Synagoge und dann eine christliche Kirche gemacht, unter Beibehaltung der vielen alten Säulen. Sie waren durch herrliche Bögen miteinander verbunden, und so erinnerte diese Kirche sehr an die alte Moschee von Cordoba.

Am späten Nachmittag ging es Christian dann wieder besser, und in dem schönen Hotel Parador erlebten wir einen traumhaften Sonnenuntergang hinter der Skyline von Toledo (das Parador liegt auf einem Berg Toledo gegenüber).

Ein köstliches Abendessen im Hotel Karl V. beendete nach einer wunderschönen Lichterfahrt um und in Toledo, bei der Christian sein ganzes Autofahrerkönnen unter Beweis stellte, diesen unvergeßlichen Tag!

Weiter ging es am anderen Morgen: Nach dem Einkauf verschiedener Souvenirs starteten wir in Richtung der Stadt der großen Theresa – Avila!

Avila ist wirklich keine normale Stadt, sie ist ein Erlebnis. Schon von weitem, nachdem wir die Sierra de Guaderrama, ein

Hochland im Inneren Spaniens, durchquert hatten, lag vor uns auf einem großen Hügel, 127 Meter hoch, ein Traum von einer Stadt, umgeben von der schönsten Stadtmauer, die man sich vorstellen kann, fünf Kilometer lang, geschmückt mit 90 Halbtürmen und neun prachtvollen Toren. Wir waren wie benommen und konnten uns an dem Wunderwerk aus dem 1. Jahrhundert nicht sattsehen.

Nach einem kurzen Lunch in der Hotelbar, ich hatte vor lauter Wißbegierde eh keinen Hunger, und Christian hatte Sorge (?) um seine schlanke Linie, fuhren wir in abenteuerlicher Fahrt erst durch enge Gassen, dann wieder außen an der traumhaften Stadtmauer vorbei zur Kathedrale San Salvador, die mit dem Hochchor in die Mauer einbezogen ist. Aber – sie war noch verschlossen. So beschlossen wir einen Besuch der Kirche San Vincenz, die vor der Mauer lag und dem treuesten Gefährten der hl. Theresa gewidmet war, und ließen uns von dem Zauber dieser Kirche mit dem Grabmal des hl. Vincenz gefangennehmen. Noch immer war die Kathedrale geschlossen, so fuhren wir weiter die Mauern entlang und entdeckten eine Tierschau von Hunderten von Kampfstieren, in Gattern zu besichtigen, unter freiem Himmel! Ich kann euch versichern, ein Stier war schöner als der andere. So etwas an Schönheit von Tieren einer Gattung hatten wir noch nie gesehen. Christian hatte Angst um seine Omi, weil ich mit meinem Fotoapparat am liebsten in die Gatter eingedrungen wäre, um die prachtvollen Köpfe dieser Tiere mit den riesigen Hörnern auf meinem Film einzufangen!

Aber wir mußten uns trennen, da wir nur einen Tag für diese Stadt eingeplant hatten und es neben der inzwischen geöffneten Kathedrale mit wieder herrlichen Glasfenstern und einem besonders schönen Chorgestühl noch viel zu sehen gab. Meine ganze

Sehnsucht galt der Barock-Kirche, die zum Kloster Santa Theresa gehörte und deren Altarbild die Heilige darstellte.

Wie ein Geschenk konnten wir in dieser Kirche der großen Heiligen an einer Trauung teilnehmen und uns so ganz dem Zauber des Kirchenraumes bei Orgelspiel und Trauungszeremonie hingeben. Auch nach dem Auszug des Brautpaares konnte ich mich nicht sofort trennen und blieb noch eine Weile im stillen Zwiegespräch mit dem Altarbild zurück!

Durch die Puerta de Santa Theresa fuhren wir wieder aus der Stadt heraus und umrundeten sie wiederum – wir konnten nicht genug von Mauern und Halbtürmen dieses Stadtwunders bekommen. Diesmal landeten wird auf einem schönen großen Platz vor dem Stadttor, der Piazza Santa Theresa. Eine Sangria, schon gehabt in Toledo, diesmal aber nur eine (!), stillte unseren Durst und ergab eine kleine Erholungspause – aber nicht lange: Es lockte eine sehr schöne Kirche, S. Thomas, mit einem romanischen Kirchenportal. Quer über den Platz hinüber gingen wir zur Stadtmauer zurück und entdeckten davor eine imposante Statue der hl. Theresa, nach der wohl dieser Platz seinen Namen bekommen hatte. Wieder machten wir eine abendliche Rundfahrt um die schön angestrahlte Stadt und vertieften uns abermals in die unglaublichen schönen Anblicke dieser Stadtmauern und Türme!

Hoffentlich wird euch nun mein Bericht nicht langweilig, aber das interessante Segovia muß noch mit hinein, sonst wäre der Bericht nicht vollständig. Während der Feiertage gibt es vielleicht mal stille Stündchen zum Lesen!

Nun also auf nach Segovia, das nur 30 Kilometer von Avila entfernt lag. Wieder war es ein herrlicher Morgen, zwölf Grad kühl und strahlend sonnig! Wir haben auf der ganzen Fahrt keinen Regen und fast keine Wolke gehabt. Ja, wenn Engel reisen!

Auch Segovia empfing uns zunächst mit einer gepflegten Stadtmauer und wunderschönen Stadttoren, als wir jedoch auf der Suche nach unserem Parador-Hotel die Stadt halb umrundet hatten, blieb uns einfach die Spucke weg. Vor uns entfaltete sich, ein breites Tal überquerend, ein riesiges, altrömisches Aquädukt, das Wasser von den gegenüberliegenden Bergen über 17 Kilometer hinweg nach Segovia leitete. Heute stehen von diesem Bauwerk von 818 Metern noch 119 bis zu 28 Meter hohe Bögen. Die riesigen Quadersteine dieses wohl einmaligen Kunstwerkes sind aus Granit und ohne jeden Mörtel an- und ineinander gefügt. Einfach phantastisch!

Nach Inbesitznahme unserer Zimmer charterten wir erst einmal ein Taxi, um mit der Stadt vertraut zu werden. Als wir die Stadtmauer entlangfuhren, entdeckten wir einen Alcazar, von dessen Existenz wir keine Ahnung hatten. Dieser Alcazar war wie ein Schiff in die Stadtmauer eingebaut und schien mit seinem Bug alle Angriffe abgewehrt zu haben. Über einen sehr hübschen St.-Martins-Platz mit einer schönen, gotischen Kirche gelangten wir zum Priesterseminar, das genau über der Einmündung des Aquädukts in die Stadt lag und so von seinem Hof aus einen tollen Blick auf und über dieses Wunderwerk gestattete. Drei Bögen übereinander lagen an der tiefsten Stelle des Tales bis zur oberen Höhe und verringerten sich dann nach den Seiten, bis das Bauwerk in der Vorstadt gegenüber auf einem Berg landete! Unglaublich, was die Römer damals an Bauten geschaffen haben.

Wieder gab es einen Snack in der Hotelbar, und auf ging's zu neuen Taten! (So erhielten wir spielend den Stand unserer

Pfunde.) Das Nachmittagsziel war Schloß Granja, ein von Philipp V. erbautes Sommerschloß, auch „spanisches Versailles" genannt. Wir hörten nur durch Zufall von seinem Dasein und waren vollkommen überrascht, eine weitere so schöne Sommerresidenz der spanischen Könige zu entdecken. Diesmal war der umgebende Park mit den schönsten Wasserkunstanlagen ausgestattet, deren bestimmt interessanten Wasserspiele diesmal leider von uns nur erahnt werden konnten – es hatte hier nämlich seit sechs Monaten nicht mehr geregnet, und so lagen die Spiele trocken. Trotzdem war es ein herrlicher Nachmittag in dem schönen Blumenpark.

Aber der Tag war noch lange nicht am Ende. Unser Auto brachte uns, dank Christian, zurück in die Stadt, wo wir uns noch einmal den Alcazar ansahen und einen wunderschönen Blick in die Umgebung von Segovia genossen. Auch die Kathedrale wurde besichtigt, aber hier reißt bei mir der Erinnerungsfaden. Ich hatte schon etwas anderes im Sinn, und zwar reizte mich ungemein dieser majestätische Aquädukt, und so beschlossen wir, uns diesen noch einmal, diesmal von der anderen, der auslaufenden Seite aus anzusehen und dann an den immer höher werdenden Bögen bis in die Tiefe des überbrückten Tales zu wandern. Und es wurde wirklich ein Erlebnis! Konstruktion und Bauweise dieser monumentalen Granitblöcke mal aus nächster Nähe sehen zu können, war schon diese Wanderung wert!

Am Abend genossen wir wieder, diesmal bei einem prima Abendessen, den bezaubernden Blick auf Segovia. Von unserem Hotel aus war sogar das Aquädukt zu sehen, das sich nun in schwarzen Rundbögen vom Abendhimmel abhob.

Und nun zog unser letzter Tag in Spanien herauf, der noch zwei absolut nicht erwartete Überraschungen für uns bereithalten sollte! Früh schon machten wir uns auf den Weg, denn es lag noch einige Wegstrecke bis Madrid vor uns, und unser Flugzeug Richtung Köln startete gegen fünf Uhr. Unsere erste Überraschung war eine herrliche Morgenfahrt durch das Gebirge Sierra Guaderrama, die uns auf eine Paßhöhe von fast 2.000 Metern bringen sollte. Der Blick von dieser Höhe ging bis zum Escorial, dem Königsschloß vor Madrid, und zum Valle de los Caidos, der Franco-Gedenkstätte mit dem Riesenkreuz, das die Landschaft unter uns beherrschte (s. Rundschreiben Nr. 1). Frisch war es hier oben, aber klar und sonnig!

Danach fuhren wir also endgültig Madrid entgegen und staunten, wieviel Wald es noch im Guaderrama-Gebirge gab, nachdem uns beim Anflug auf Madrid die unter uns liegende Landschaft recht trocken und mit nur wenigen, weit verteilten Bäumen vorgekommen war.

In Madrid hatten wir dann doch mehr Zeit, als wir gedacht hatten, und beschlossen, den Besuch auf der Piazza Mayor nachzuholen, den wir zu Beginn der Reise versäumt hatten. Das war dann die zweite Überraschung. Wir fanden einen riesengroßen, wunderschönen rechteckigen Platz, der mit reichverzierten und bemalten Häusern aus verschiedenen Stilepochen umbaut war. Jeder Verkehr lief außen herum, und so herrschte auf diesem Platz eine für Madrid fast himmlische Ruhe. Zu unserer Freude gab es hier auch kleine Lokale mit Tischen davor und dazu angenehm warmen Sonnenschein, so daß einem guten Lunch zum Abschied nichts mehr im Wege stand. Wir genossen diese letzten Stunden unserer Reise voller Dankbarkeit, daß alles so gut, planmäßig und ohne Schwierigkeiten gelaufen war. Froh, glücklich und zufrieden landeten wir dann im Schoß der Familie in Kön!

So, hoffentlich war es für euch nicht zu lang, aber einmal angefangen, konnte ich nicht bremsen.

Nochmals euch allen ganz liebe und herzliche Christfest-Grüße und ein frohes, gesundes und glückliches Neues Jahr.

Eure ...

All meine lieben
Geburtstags-Gratulanten!

Wie viele Grüße und gute Wünschte habt ihr mir wieder geschickt, für die ich mich hiermit auf das herzlichste bedanke! Viele von euch waren verwundert, daß ich nicht in Köln, sondern bei meiner Pensionsfreundin Inge in Italien diesen Tag verlebte. Es hatte seinen Grund.

Eine unheimlich schmerzhafte Migräneattacke brachte mich vierzehn Tage vorher für zehn Tage ins Krankenhaus und an den „Tropf", da man zunächst eine Hirnblutung oder einen beginnenden Schlaganfall vermutete (schließlich wurde ich ja 78 Jahre alt!). Gottlob war es nur eine vorübergegangene Durchblutungsstörung, so daß ich nach zehn Tagen entlassen werden konnte.

Da hatte ich zum Feiern keine Kurve mehr, vor allem da Vroni und Dorle sofort angereist kamen und ich den beiden ein nochmaliges Anreisen ersparen wollte.
Um so mehr freute sich Freundin „Tucki" in Tuoro am Trasimenischen See über mein Dortsein.

Tuoro ist ein altitalienisches Städtchen, in dem einst die große Schlacht zwischen Hannibal, Karthago und den Römern stattgefunden hat, die seine aus Karthago mitgebrachten Elefanten ganz besonders berühmt gemacht hat.

Sein Sieg dort war den alten Römern gar nicht recht, verständlicherweise. Jedenfalls ist es ein Örtchen in herrlich zentraler Lage, von dem aus man sternförmig nach allen Richtungen auch ohne lange Anreisewege viel sehen und erleben kann.

Meine Freundin ist im „Golf" noch bestens „zu Wege", und so ging's trotz aller ärztlicher, pastoraler und familiärer Verhaltensvorschriften doch wieder zu herrlichen Stippvisiten in die Umgebung!

Wir fingen mit der schönen Burg Castilione sur Lago an, deren Barock- bis Renaissance-Kirche mir früher verschlossen war, und ich genoß die Stille und Schönheit des sakralen Raums. Die Festungsmauer hatte ich früher schon mal „erklommen" und durchwandert. Ein Lunch mit Orangensaft und Gin erfrischte uns zu neuen Taten, und so trafen wir uns dann noch zum Abendessen mit italienischen Freunden in Pacione. Essen kann man in Italien „märchenhaft".

„Weisungsgemäß" sollte der andere Tag Ruhetag sein, aber wir konnten natürlich nicht widerstehen. Nach einem ausgedehnten Frühstück zog es uns wieder in den „Golf" und in ein Restaurant, „Eichhörnchen" genannt, hoch oben in den Bergen um Tuoro! Inzwischen hatten wir traumhaftes Wetter bekommen, und tief unter uns lag der See, auch "Umbrisches Binnenmeer" genannt, wie ein herrlicher blauer Juwel in der grünen Landschaft. Übrigens, das „Eichhörnchen" haben wir auch in den kommenden Tagen öfter besucht, da ich den Blick über den großen See so besonders liebte!

Noch von einer anderen herrlichen Fahrt, fast zwei Stunden von Tuoro entfernt, möchte ich euch erzählen, da sie für mich so besonders beeindruckend war. Und zwar ging es in die Stadt der „Geschlechtertürme", nach San Giminiano. Schon auf der Abbildung erkennt ihr die Eigenart dieser Stadt. Acht dieser Türme existieren noch – einst waren es 23!

Die wohlhabenden Geschlechter dieser Stadt erbauten sich diese an sich nutzlosen Türme, um die Wichtigkeit ihres Geschlechts zu betonen. Je höher um so reicher war die Devise. Die gesamte Innenstadt, vor allem die zum Teil sehr engen

Gassen, wurden von diesen Türmen überragt. Der Marktplatz war mit dem Stadtbrunnen als Mittelpunkt ein kleines Juwel der Toscana!

Der Rückweg führte uns dann noch an der Stadt mit der schönsten Stadtmauer vorbei, Monte Reggione, die ich schon von früheren Reisen her kannte, aber in ihrer Einmaligkeit gern wieder sah. Kreisrund umgrenzt dieser Wall das Städtchen, immer wieder von den mittelalterlichen Türmen unterbrochen. Ein kleiner Imbiß auf dem Markt beendete diesen Tag.

Nun war der Appetit mit dem „Essen" gekommen, und wieder wurden aus den zehn Ruhetagen mehr als sechs Erkundungsfahrten. Assisi konnte ich mir einfach nicht entgehen lassen, da es ja nur eineinhalb Stunden entfernt war. So konnte ich an meinem Geburtstag am Grab des hl. Franziskus mein Gebet niederlegen.

Assisi näher zu beschreiben heißt sicher bei euch allen Eulen nach Athen tragen. Ihr kennt diese wundervolle Stadt wohl alle. Mich fasziniert sie immer wieder, sowohl die herrliche dreistöckige Franziskus-Kirche als auch die gesamte übrige Stadt. Könnte ich nur mal etwas länger dort bleiben!

Über den Monte Pulcano, dem Stadtberg von Assisi, ging es dann zum Lunch nach Spello! „Tucki" ist ein Freund guter Küche, und sie überraschte mich immer wieder mit neuen, bestens bekannten Restaurants. So auch in Spello, wo es dann gleich nebenan, auch auf dem Marktplatz, eine wieder wunderschöne Stadtkirche zu besichtigen gab.

Aber nun wollten wir mal wirklich zu Hause bleiben! Bei dem schönen Wetter – blauer Himmel und Sonnenschein? Nein, das ging nicht – es könnte ja auch mal ein Regentag kommen, dann war Zeit genug dazu. Also den „Golf" heraus aus der Garage, und auf ging's zu neuen Taten.

Diesmal war unser Ziel Arezzo, eine relativ moderne Stadt mit einem uralten Stadtkern und einer noch älteren romanischen Kirche, fast alemannisch im Stil.

Aber dahinkommen? Die Altstadt war entweder Fußgängerzone oder Einbahnstraße, immer in der falschen Richtung! „Tucki" streikte, aber so schnell gibt Johanna nicht auf! Also Alleingang – und ich fand die Kirche Maria Maggiore und den Dom tatsächlich! Mit herrlichen Kirchenfenstern im Dom und zauberhaften Keramik-Altären in blau-weiß und blau-bunt wurde ich für die Mühe des Anstiegs doch belohnt – ja, und dann fand ich fast nicht mehr zurück, wo ich die „Tucki" doch in einem Bistro abgesetzt hatte. Da ich zunächst nach der falschen Kirche fragte (den richtigen Namen hatte ich nicht mehr im Gedächtnis), irrte ich reichlich hilflos durch die alten hohen Gassen und stand dann doch plötzlich wieder an der romanischen Kirche! Nun wußte ich weiter und fand dann auch das Bistro samt der „Tucki" wieder! Bei herrlichem Sonnenuntergang über dem Trasimeno ging es zurück nach Tuoro!

Zu dem Ruhetag kamen wir dann durch eine Abrechnung, die „Tucki" mit den Elektrizitätswerken vornehmen mußte; da diese wiederum nicht in Tuoro, sondern im Nachbarort zu finden waren, ergab sich wieder eine einstündige Fahrt nach Passignano! Hier befand sich eine Kashmir-Pullover-Fabrik! und das war mein Verderb. Einen schicken Rock (mit Schlitz) und ein ebenso schicker blauer Kashmir-Pullover waren „die meinen"!

Da der Tag sowieso angebrochen war, ging es gleich weiter nach Cortona und dort ins Margariten-Kloster mit einer wunderschönen Kirche, sogar mit heiliger Messe, wo ich das Versäumte („Tucki" ist evangelisch) mit Dank für die schönen Italien-Tage nachholen konnte!

Ihr seht, es gab wieder soviel neues und schönes, daß die guten Ratschläge nur am Abend beim Fernsehen befolgt wurden, und das auch nur, weil es in Tuoro und Umgebung einfach kein Abendprogramm gab.

Nun bin ich wieder heil zu Hause und um ein gutes Paket Erinnerungen an Umbrien reicher.

Habt alle nochmals innigen Dank für alles. Sollten sich diese Zeilen verspäten, dann liegt das daran, daß meine Helga, die diese Berichte so schön schreiben kann, zur Zeit im Krankenhaus liegt und ihre Probleme mit einer Nasen-Operation hat.

Inzwischen allen ganz liebe Grüße – bis Weihnachten!

All meine Lieben!

Wieder einmal soll ein Weihnachtsgruß an euch auf die Reise gehen und am Christfest euch allen zeigen, daß ich an euch denke.

Das Jahr 1995 war ein doppelt verplantes Reisejahr, das drei Reisen beinhaltete, die verschiedener gar nicht sein konnten. Ich brauche noch Zeit, um alles zu sortieren, zu verarbeiten und nicht zuletzt auch meinem Schöpfer für all das Schöne zu danken, daß ich schon erleben durfte!

Aber nun will ich doch versuchen, ein wenig die Reihenfolge einzuhalten, damit ihr, wenn auch komprimiert, einen „Drei-Reisen-Bericht" bekommt.

Im April hatten Theo, mein Sohn, Georg, mein Enkel, und ich beschlossen, uns den fernen Osten einmal genauer anzusehen und eine Schiffsreise Hongkong – Xiamen – Peking – Xian – Shanghai – Tsingtau – (China) Seoul – Pusan (Südkorea) und Nagasaki, Kyoto und Nagoya (Japan) geplant und auch ausgeführt.

Ein riesengroßes Erlebnis war zunächst der Flug entlang dem Himalaja, an dem wir im strahlenden Sonnenschein zwei Stunden entlangflogen. Allein der Gedanke, du siehst dieses für uns so weit weg liegende höchste Gebirge der Erde, war überwältigend.

Am kommenden Morgen landeten wir nach atemberaubenden Anflug dann in Hongkong – dieser Traumstadt mit ihrer berühmten Skyline. Hongkong ist so oft beschrieben worden, daß ich mir einen näheren Bericht ersparen kann. Allerdings war der Gedanke, daß dieses Kleinod in zwei Jahren an China zurückkehrt, bedenklich.

Nach zwei herrlichen Tagen dort und zwei Seetagen landeten wir nach einem Überlandflug in Xiamen, China, und mit erstaunlicher Präzision ging es sogar fahrplanmäßig im Zweieinhalb-Stunden-Flug nach Peking.

Die Hauptstadt Chinas war erreicht, ein Ziel, dessen Verwirklichung ich nicht zu hoffen gewagt hatte. Schon Hongkong, im tiefsten Herzen noch chinesisch, gab einen Vorgeschmack auf das, was uns dort an Farben und Bauten erwartete, nur daß wir es dort im Kaiserpalast in Reinkultur sahen!

Der „Platz des himmlischen Friedens", die „Verbotene Stadt" mit den vielen Kaiserpalast-Bauten, seinen riesigen Höfen, mit seinen vielen von Steinmetzen reichverzierten Treppen und den herrlich bunten Pagoden-Dächern (mit Dachreiterchen) war schon ein ganz eigenes Erlebnis! Dazu die Fahrradstadt Peking mit Hochhausvierteln und dann wiederum noch echten Slums gab einem den Eindruck gleichzeitigen Aufbruchs gegenüber noch nicht überwundener Lethargie des sozialistischen Kommunismus. Nicht uninteressant im Hinblick auf kommende Jahre!

Und dann ging es auf die berühmte Mauer, die sich über Berg und Tal in etwa 30 Kilometern Entfernung durch Pekings umliegendes Gebirge buchstäblich „schlängelt". Auf dieser Mauer gab es den einzigen Disput der Reise zwischen Mutter und Sohn – und das mitten drauf! Es ging um ein Video von der Mauer für ganze 17 Mark, die sage und schreibe dem Sohn zu teuer erschienen! Das gibt's! Trotzdem, das Video war meins! Klar!

Am anderen Tag brachte uns ein Zwei-Stunden-Flug nach Xian, der Stadt der 7.000 Tonsoldaten, von denen jetzt ca. 800 ausgegraben wurden. Und das alles zur Bewachung *eines* Kaisers! – Den Abschluß des Tages gab dann ein ganz besonderer Tempel, der des Jade-Buddhas. Eigentlich war er schon verschlossen, aber ein gutes Dollar-Trinkgeld öffnete ihn noch einmal für uns (man sieht, auch China ist nicht unbestechlich) und wir – ich kann nur sagen „erlebten" nun dieses chinesische Heiligtum ganz für uns allein, ohne sonstige Besucher, und konnten uns alle eines geheimnisvollen Eindrucks dieser aus *rosa* Jade uns ansehenden Buddha-Figur nicht entziehen! Erst das energische Veto des Tempelwächters, der Feierabend haben wollte, weckte uns aus der Faszination und brachte uns in die Wirklichkeit zurück. Leider war danach ein Besuch des Shanghaier Fernsehturms nicht mehr möglich. Der war nun wirklich geschlossen!

Tsingtau, der *deutsche* Flottenstützpunkt in China (wie Hongkong für England!), eigentlich auch auf 99 Jahre uns damals zugesprochen, war unser nächster Anlaufhafen! Leider wurde uns diese kleine Stadt nach dem Ersten Weltkrieg „enteignet", beste deutsche Besatzungszeit lassen sich aber durchaus noch finden, vor allem eine herrlich lange Landungsbrücke mit einem großen Pavillon an der Spitze weit draußen im Meer. Es war ein Sonntag, und ganz Tsingtau schien hier seinen Sonntagnachmittags-Spaziergang zu absolvieren, so bunt ging es auf der Brücke zu. Ein wunderschöner Park rund um einen bunten Pagodenturm mit Aussichtstempelchen gab dann einen guten Überblick über die Stadt.

Weiter ging es am Abend durchs Gelbe Meer, Richtung Südkorea. In Südkorea besuchten wir den Hafen Inchon, die Hauptstadt Seoul und das tolle Olympastadion. Es war unglaublich, was dieses kleine Land hier zur Olympiade auf die

Beine gebracht hat. Riesen-Stadien, für jede Kampfart extra, sind aus dem Boden gestampft worden. Das für mich eindrucksvollste, neben einem wiederum tollen Buddha-Tempel, den Chogyesa-Tempel, war die Rückfahrt zum Schiff, am Han River entlang, mit mehr als einem Dutzend Brücken.

Auch in Pusan, das durch besonders neuartige Wolkenkratzerbauweise beeindruckte, wurde uns wieder ein Pomosa-Tempel als besonderes Beispiel koreanischer Frömmigkeit gezeigt.

Nun steuerten wir Japan an, wo die Atombombenstadt Nagasaki uns besonders beeindruckte. Ort der Explosion und Mahnmal mögen allen kommenden Generationen eine Warnung sein!

Statt in Kobe, das gerade ein schweres Erdbeben hinter sich hatte, landeten wir in Osaka-Kyoto und bestaunten wiederum die Vielfalt an Schreinen und Buddha-Tempeln. Unter ihnen war wohl der beeindruckendste Tempel, der mit 1.000 Buddhas (wir haben sie gezählt!) in Kyoto.

Auch die letzte Station und damit Start in Richtung Heimat war noch mit einer riesigen Stadtburg, auch Stadtschloß, von dem aus man über Nagoya hinwegschauen konnte, sehr beeindruckend – aber die ostasiatischen Eindrücke von China waren dann wohl die markantesten.

Wenn ich den weiteren Teil der Reise näher schildern würde, komme ich zu Spitzbergen und Umbrien-Italien nicht mehr, und ich wollte doch gerade über die gegensätzlichen Eindrücke dieses Reisesommers berichten.

Also: Im August zog es uns – diesmal mit anderer Besetzung, nämlich mit der Fülles-Familie – ganz tief in die nordische Kultur hinein – nix Kultur, viel Natur, aber die in „Reinkultur". Wieder enterten wir ein Schiffchen und starteten diesmal in Bremerhaven. Das erste Erlebnis: Beim Abschiedskonzert „Muß i denn, muß i denn" auf dem Promenadendeck kam uns Cousinchen Gisela und Vetter Willy, beides Verwandte meines Schwiegersohnes, unverabredet zu unserer allergrößten Freude entgegen. Mit so lieben Menschen war die Fahrt als harmonisch vorprogrammiert, und die Freude aller war wirklich groß! Das gemeinsame Erleben der uns bevorstehenden Naturerlebnisse hat dann wohl die Freundschaft neu besiegelt.

Wir schipperten also einige Tage an Norwegens Küste entlang, und nach einem Tageshalt in Bergen, das uns aus früheren Reisen vertraut war, kam Neuland: die Lofoten!

Dichter Nebel umfing uns. Kaum zu glauben, was für eine herrliche Landschaft sich dahinter verbergen sollte. Aber siehe da, nach der Halbzeit des Ausflugs lichtete es plötzlich auf, und die Sonne beschien eine bergige Insellandschaft von unglaublicher Schönheit. Dunkelblaue See zwischen den mit schwungvollen Brücken verbundenen Inseln, grün die Landschaft bis hoch hinauf in die Berge, dann grauer Fels und darüber blauer Himmel. Rote Holzhäuser und Holzkirchen gaben der grünen Landschaft die Farbtupfer, und Nebelreste, die sich an den Bergen entlangzogen, machte diese fast plastisch. Hoffentlich könnt ihr diese Landschaft nach meiner Schilderung nachempfinden.

Ganz hoch im Norden ging es dann nach Spitzbergen und an

die Packeisgrenze. Mitternachtshelligkeit machte die Nächte zum Tage – keiner fand ins Bett. Meer und Wolken, mit blauem Himmel gemischt, ließen die Kameras heißlaufen. Ein besonderes Erlebnis war hier eine Gletscherfahrt im Beiboot. Fünfzig Meter hoch stand der im Meer auslaufende hellblaue Gletscher vor uns, den wir aus 30 Metern Entfernung mit Höhlen, Schrunden und kleinen blauen „Eisbergen" im Wasser um uns herumschwimmend erlebten. Eine unglaubliche Szenerie, wenn man sie nicht selbst erlebt hat! Hätte ich meine Fotos nicht, ich meinte, alles nur geträumt zu haben!

Die letzte Reise ging dann nach Italien, wo ich alles, was ich in Spitzbergen an Kultur der bezaubernden Natur zuliebe opferte, in vollen Zügen nachgeholt habe.

Aber darüber liegt schon ein Rundbrief vor, den ich anläßlich meines Geburtstagsdankes verfaßte. Wer den noch lesen mag, Anforderung schriftlich oder mündlich genügt, er ist noch vorrätig!

Nun laßt euch alle vom Christkind beschenken, so oder so. Ich bin für „so"!
Rutscht alle gut in ein hoffentlich gesundes und glückliches Neues Jahr und seid zum Christfest lieb und herzlich gegrüßt!